图说极简
世界地理

刘纳新/主编
王晋华/译

中国经济出版社
CHINA ECONOMIC PUBLISHING HOUSE
·北京·

图书在版编目（CIP）数据

图说极简世界地理 / 刘纳新主编；王晋华译 .
北京：中国经济出版社，2024. 10. -- ISBN 978 - 7
- 5136 - 7823 - 0

Ⅰ. K91 - 49

中国国家版本馆 CIP 数据核字第 2024CA5415 号

责任编辑　龚风光　张意妮
责任印制　马小宾
封面设计　平　平
插　　画　宋紫璇

出版发行　中国经济出版社
印 刷 者　北京艾普海德印刷有限公司
经 销 者　各地新华书店
开　　本　710mm × 1000mm　1/16
印　　张　20. 5
字　　数　286 千字
版　　次　2024 年 10 月第 1 版
印　　次　2024 年 10 月第 1 次
定　　价　68. 00 元
广告经营许可证　京西工商广字第 8179 号

中国经济出版社 **网址** http://epc. sinopec. com/epc/ **社址** 北京市东城区安定门外大街 58 号 **邮编** 100011
本版图书如存在印装质量问题，请与本社销售中心联系调换（联系电话：010 - 57512564）

“请您上车！”

小时候，我的保姆经常带我去火车站看火车。我看到一个戴着蓝帽子、蓝制服上缀着铜扣子的男人拿着喇叭在喊：“所有去往东北方向巴尔的摩、费城、纽约的旅客，请上车了！”然后，他挥舞手臂示意火车可以开动了。保姆告诉我说，这个人就是列车员。

每次从火车站回到家，我都会戴上一顶帽子，然后学着列车员那样喊：“所有去往东北方向巴尔的摩、费城、纽约的旅客，请上车了！”我一遍又一遍，翻来覆去地喊，直到家人跟我说，“不要喊了，孩子，歇歇吧”。

不过，我还是在心里默默地许愿：等我长大了，我要当一名列车员，头戴蓝帽子，身穿缀着铜扣的蓝制服。现在，我已经长大了，我仍然要给大家当一回“列车员”，通过这本书带大家去往巴尔的摩、费城、纽约，还有东、南、西、北各个方向的许多其他国家和城市——让我带你们环游世界！

目录
CONTENTS

第1章
从望远镜中观察世界

假如我说，你从来都没有看到过自己的脸。

你可能会觉得很奇怪，对我说你可以看见——可事实却不是这样。

你可以看到自己的鼻尖。

要是你翘起嘴巴的话，你甚至还可以看到自己噘起的嘴唇。

如果你尽力伸出舌头，你也许能看到你的舌尖。

就算这样，你仅能做到这些，你仍然无法看到自己的脸。

当然，你可能知道你的脸长什么样，因为你可以从镜子里看到它；但是，这不是你自己——它只是一张你的照片。

同样，没有谁能看到整个地球，因为我们居住在它的上面。

你能看到你周围的这些世界——如果你爬到一栋高楼顶上，你能看得更远些；如果爬到一座高山顶上，你会看到更多；如果坐在飞机上，你看到的将会更多更多。

但是，要想看到整个世界，你必须站得更高，高过任何人到过或能够到达的高度。你必须站得很高很高，超过云端，站到远远的星星待着的地方——但是，我们这个年代还没有人能做到。就算坐在飞机上也不行。

而且，你还不能像在镜子中看见自己的脸一样在镜子中看到整个世界。那么，我们是怎么知道地球到底是什么样的呢？

也许，海洋里的鱼可能会这样告诉她的小宝宝：“世界全都是水，就像一只巨大的木桶，我哪儿都去过，我知道的就是这样。”当然，除此之外，她不知道水外面的世界。

也许，沙漠中的骆驼可能会这样告诉她的小宝宝：“世界全是沙子，就像一个巨大的沙丘，我哪儿都去过，我知道的就是这样。”

也许，冰山里的一头北极熊可能会对她的小宝宝说：“世界全是冰雪，就像一个巨大的冰柜，我哪儿都去过，我知道的就是这样。”

也许，森林里的棕熊可能会对她的小熊说：“世界全是树，就像是一片巨大的森林，我哪儿都去过，我知道的就是这样。”

同样，从前的人们告诉他们的孩子：“世界就是一座巨大的岛屿，好像一个巨大的泥馅饼，上面有水、沙子、冰，还有树，头顶上盖着一个叫天空的东西，我们哪儿都去过，我们知道的就是这样。”

一些喜欢追根问底的小孩会问：“像泥馅饼一样的世界又是在什么上面呢？”他们会煞有介事地回答道：“在四头大象的背上。”

小孩接着追问：“那大象站在哪儿呢？”他们会煞有介事地回答道：“在乌龟的背上。”

然后，小孩继续打破砂锅问到底：“那乌龟站在哪儿呢？”没有人能够回答这个问题了，因为没有谁能够想象得比这更远了——所以剩下乌龟只能站在虚无之上了。

很早以前，父母们就是这样告诉他们的孩子世界是什么样子的。但是，假设你能升得很高，能够升腾到白云的上面，可以高高地悬在空中，坐在一个什么东西上，吊着脚向下看，远远地看着下面的世界，这时你会觉得世界像什么呢？尽管我从来没有这样看过，但我知道这样看起来世界像什么。

从远远的空中通过望远镜观察世界，它看起来就像一轮圆圆的，白白的满月。它不是盘子的那种圆，而是像一个大雪球的那种圆。实际上，因为吸收了太阳的光照，它并不完全是白色的，而是发着光亮的，就像晚上汽车的大灯照在路上让路变亮一样。当然，太阳一次只能照亮地球的一面，那么另一面就是暗的，不过地球围绕太阳不停地转，另一面也会轮替着被太阳照亮。

你知道望远镜是什么吧？它是由一种能让东西看起来更近更大的镜片制作而成的长筒子。如果我们通过望远镜看地球，就像人们观看月球一样，会看到地球的一面有两个大大的“补丁”，好像形状奇怪的影子。在地球的另一面，这种奇怪的影子有四块。这些好像影子的“补丁”还有另外一个称呼——大陆。每个大陆都有名字，如果把这些名字用1600千米高的字体标在各大洲的上面（假设这样标记），人们通过望远镜便可以在地球的一面看到：

北美洲

南美洲

如果我们一直等到地球转过来，就好比我们在电影中看到的地球慢慢转动一样，我们便会看到：这一块是欧洲（Europe），那一块是亚洲（Asia），还有一块是非洲（Africa），最小的一块大陆是大洋洲（Oceania），最下面的是南极洲（Antarctica）。

我们通常将钱币有人物头像的一面称为“正面”，而将另一面称为“背面”，因为它和正面相背。但是地球没有正面和背面，只有那些奇形怪状的“阴影”，为了便于区分，我们用别的词来代替正面和背面。我们称一面为“西半球”，另一面为“东半球”。西半球有两块大陆，东半球有四块大陆。

地球的最顶端和最底端叫“极”，尽管那里没有柱子[①]。在顶端的叫北极，在底端的叫南极。北极和南极全是银白色的雪和冰，因为那里非常寒冷，常年被冰雪覆盖。

地球上除了“补丁”一样的阴影和冰雪，剩下的地方都是水。围绕在大陆周围的水被称为“洋”，尽管没有墙，也没有篱笆将这些水分隔开，但不同地方的水还是有不同的名字。

太平洋在北美洲和南美洲的西边，美洲的东边是大西洋，海岸线没有超过东半球的大洋叫印度洋。要注意的是，印度洋这个名称可不是以美国的印第安人命名的。地球的最顶端是北冰洋，最下方将南极围在中间的叫南冰洋[①]。南极和南冰洋大部分是冰，因为太冷了，以至于水全变成了冰。

为什么我向大家介绍地球时把北美洲放在上面？当然，我要是把它放在下面，也完全说得通，因为地球并没有上下之分。我猜想北边之所以常常被放在上面，仅仅是因为制作地图和地球仪的人大多生活在北半球，所以他们希望他们居住的地方在上面。

---

① 英语中 pole（极地）也指柱子、杆、竿或棒等。

① 南冰洋（Southern Ocean 或 Antarctic Ocean）又称为“南极海”或“南大洋”。国际水文组织于2000年确定其为一个独立的大洋。但因为大洋有对应的中洋脊，而南极海域没有，这一名称还尚有争议。

这就是我们的地球。你或许会问："除了地球，还会有别的地球吗？"有些人猜测会有，他们觉得其他星球上可能会有人居住，可是没有人真正知道。就算是使用最好的望远镜也无法让我们看到所有遥远星球上的东西，所以，我们只能在心中想象了。

第 2 章
地底下的世界

很小的时候，我的好奇心就非常强。至少，在保姆眼中，我就是这样一个孩子。

一天，我正和她一起走在城市大街的人行道上，我突然问她：

“珍妮，人行道下面是什么呢？”

“哦，是些泥土。”她回答。

“那泥土下面又是什么呢？”

“哦，更多的泥土。”她回答。

“那，那再往下是什么呢？”我问。我对她的回答并不满意。

“噢，什么都没有，我也不知道，为什么你这么喜欢问问题呢？”她说。

我知道一定有什么其他东西在下面，我不停地问，只是非常想知道地底下是什么，我非常好奇。

我曾经听人说过，坏小孩死后会被送到地底下的某个地方，我曾经把这个地方想象成大山洞，我非常想知道我的想象是不是真的。

我还听说，在地球的另一面住着的人都头朝下行走，就像苍蝇在天花板上一样，我也想知道这是不是真的。

因此，我决心挖穿地球，去看看这是不是真的，我只要不停地挖呀挖呀，只要挖到了地球的另一面，我自然就知道了。你要知道，我那时还是一个很小的孩子。我拿了一把小铁铲，偷偷跑到我家后院的葡萄架后面，开始挖起来，因为这是一个比较隐蔽的地方。在我完成自己的工作前，我想对大家保密。我一天接着一天地工作着，刚开始挖到的是松软的泥土，这非常容易，然后我挖到了坚硬的土壤，这时工作已经非常困难了。最后，我挖了一个自己可以站在里面的齐腰的深坑。

一天晚上，我爸爸问：“院子里的那个坑是做什么用的？”

我的秘密被发现了，当我告诉他我的伟大计划时，他没有笑话我——至少没有笑出声来。听了我的计划后，他问我知不知道要挖多深。

“你能挖华盛顿纪念碑那么深吗？”他问我。

也许我能，但是对这一点我其实有点怀疑，因为华盛顿纪念碑实在是太高了。

爸爸告诉我说：“人们能挖比华盛顿纪念碑深好多倍的井，但这离挖穿地球还差得太远太远。即便是想到达地球的中心，也得要挖比华盛顿纪念碑高几千倍的深度。从地球的一端经过地心，直直地到达另一端，大约需要挖 1.28 万千米深，而且在挖掘的过程中，还会遇到很多很多的岩石，全是岩石——仅此而已。”

好吧，我放弃了。

我好奇地问父亲："既然从来没有人挖穿过地球，你怎么会知道它有1.28万千米深呢？"我已经记不清父亲当时的答案，那时我太小还弄不明白。

接下来，让我告诉你我是怎么知道答案的。有一个非常有趣的现象：每一个球，不论它是一个小球还是中等大小的球，还是一个很大的球，它的周长都是其直径的三倍多一点。对此我常常觉得很奇怪，为什么刚好是三倍多一点，而不是四倍或五倍呢？如果你不信的话，可以自己试一下，你可以拿一个苹果或橘子量一下它的周长，然后切开后量一下它的直径。

现在，我们知道地球是一个球，巨大的球，既然它是一个球，就像所有的球一样，周长应该是直径的三倍多一点，绕地球一周是4万千米，这一距离有人曾经测量过，这样我们就能计算出地球的直径应该是1.28万千米左右。这就不是地理学，而应该是数学了。如果我们用正规的地理学术语来代替“绕周”和“穿过”，就是“周长”和“直径”——这两个词的意思是一样的：地球的周长是4万千米，直径是1.28万千米。

地球的表面是一圈岩石，好像烤土豆外面烧焦的一层皮。地壳最大的特点是分层，一层叠着一层，好像奶油蛋糕里的层，不过这里的层是由沙子、岩壳或者煤、小石子组成的。

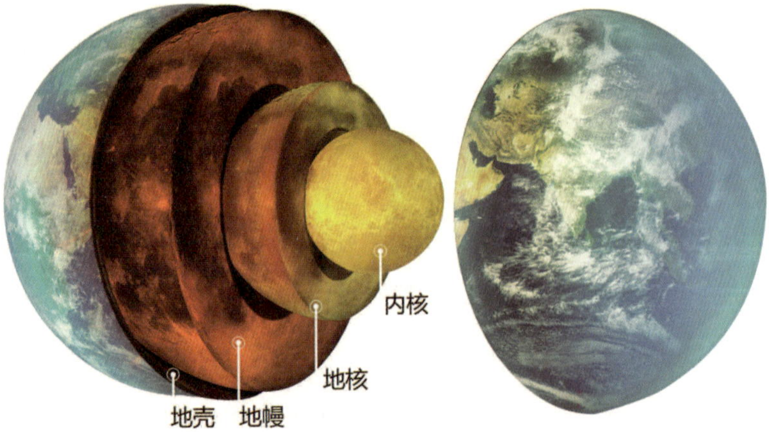

有些岩石之间有煤，就像奶油蛋糕中有水果一样，另外一些层中有金、银、钻石和宝石，还有些地方会有石油。这就是人们挖井并在岩石层中找石油、矿产的原因。

岩石层再往下，就没有层了，只有坚硬的石头；再往下，温度越来越高，地球的这部分从来没有冷却过，岩石不再坚硬，而是处于一种熔化状态。

无论什么时候，你只要看到烟囱，就知道下面一定有炉子；只要看到烟囱顶部冒烟，就知道炉子里一定有火。地球上的许多地方也会有烟和火从地里冒出来，就像烟囱一样，这些地方被称为火山。

你有没有想过为什么地球是由岩石组成，而不是由铜、玻璃或陶瓷组成的呢？为什么地球形状像球，而不像一个盒子，或是滚筒，或者一只鞋子呢？

第3章
没有尽头的队伍

你见过游行队伍，一支好长好长的游行队伍吗？我曾经见过一支由士兵组成的游行队伍，他们整整走了一天。走啊，走啊，一小时接着一小时，一整天都在走。我一生中从来没见过这么多人，肯定得有十来万人。看起来不可思议，地球上怎么会有那么多人。但是，如果地球上所有的人都一个接一个地排成长队列队游行的话，所用的时间就不止是一天了，而是要用一辈子的时间，因为地球上有超过 64 亿的人口。

地球上每分钟会有 200 多个婴儿诞生，当你阅读这本书时，就有许多人正在出生。钟表每嘀嗒一声就有人死去，但是每天出生的人要多于死去的人。因此，地球上的人变得越来越多。

地球上所有人的身高和外形都差不多。那些像拇指一样大小或者像教堂尖顶一样高的人，只有在童话中才会出现。没有人在长胳膊的地方长出翅膀，也没有人在长脚的地方长出轮子。每个人都是一个脑袋、一个鼻子、一张嘴，都有两只耳朵、两只眼睛、两只手、两只脚。

神奇的是，这64亿人却没有两个完全一样的人，就算是双胞胎也不是完全一样的。

人与人之间最大的不同就是肤色。64亿人中，有一部分是白人，也有许多黑人，更多的是介于黑人与白人之间的黄种人。人们通常把肤色不同的人称为“种族”。

“现在对各种族来说都是好日子。”我父亲曾经这样说。我还以为他是在说赛马或者帆船比赛[①]，当我问他是“什么比赛”时，他笑着回答：“对白人、黑人所有种族的人来说，都是好日子。”

很久以前，每个种族在地球上都有自己居住的地方，不过，许多

① 种族（race）一词在英语中既指种族也指比赛。

人也会迁移到别的地方。我们[2]居住的地方以白人居多，但也有很多黑人和黄种人。

假如你生下来就是一个黑人，

假如你生下来就是一个黄种人或红种人，

假如你是别的爸爸妈妈所生，

假如你出生在非洲、亚洲或澳大利亚，

假如你出生在另一个世界而不是这个世界，

假如你从未出生过——

你现在会在哪儿呢？

人们都生活在地球的六个大洲上，每个洲都有好多国家。一个国家有城市、镇、乡村，其国土都是由同一个统治者治理。地球上一共有 220 多个国家和地区，有的国家很小，整个国家只有几千人；有的国家很大，有十几亿人口。美国有三亿多人口，不过还有几个国家比这更多。中国人口最多，是美国的四倍还多。另一个国家印度是人口第二多的国家。这两个国家都在亚洲——这个洲是地球上最大的洲，名字[2]最短，但人口最多。

每个国家都有一个统治者，就好比每个家庭都有一个家长或者每支足球队都有一个队长。有的国家的统治者叫国王，有的叫总统，但大多数国家的统治者有别的称谓。

国王之所以是国王，是因为他的父亲是国王，同样他的儿子也会

② “我们”在这里是指作者所生活的地方，并非指中国。

② 亚洲的英文名称是 Asia，在所有大洲的英文名称中字母最少。

成为国王；总统之所以是总统，是因为他是由那个国家的人民选出来的，就像足球队的队长是由队员选出来的。我们把选举叫作“投票”。国王一辈子都是国王，但总统的任期只有几年。

由国王统治的国家被称为王国。如果一个人同时统治了好几个国家，会被称为皇帝，这些国家被称为帝国。有总统的国家被称为共和国，美国就是一个共和国。国王或总统以及那些与他一起统治国家的人，会组成政府。政府会制定规则，还会做两件不允许任何人做的事：发行钱币和邮票。一个国家的钱币一般不能在另一个国家使用，邮票也是一样。一个国家通常有它自己的语言。

地球上的人说着不同的语言。就算在同一个国家，不同的民族也会说他们自己的语言。全世界一共有 5600 多种语言，5600 多种啊，想想都觉得吃惊！你有可能只会说其中的一种，这样，你就无法与说其他语言的人交谈，也无法理解别人。在美国，几乎所有的人都说英语，但其实英语是英国的语言。如果你在欧洲大陆旅游，哪怕只在外面逛一天，都会在大街上、商店或宾馆听到各种不同的语言。

我恰好出生在美国，周围所有的人都说英语，我学的也是英语。如果我生在亚洲，是一个黄种人，就可能说中文了；或者如果我出生在非洲，是一个黑人小孩，则可能说一种连名字都叫不上来的语言。我认识的一个人能说 12 种不同的语言，我听说有个人能说 100 种语言！你知道要学会说另一种语言通常需要花几年的时间，更不要说 100 种语言了，这个人有多聪明啊！许多语言所使用的字母都和英语一样，我们把这些语言叫作罗马语系，这是因为罗马人最早使用了这些字母。但是，一些其他国家的语言，像汉语、日语就不一样了，这些语言是这样书写的：

新しいページ（新的一页）

第4章
十三俱乐部

如果一个人想让一座医院、图书馆或者博物馆以自己的名字命名，可能得花上百万美元。但是，有一个人却什么钱都没花，什么事都没做，没有贡献任何东西，甚至连要求都没有提出过，就让世界上两块最大的陆地——北美洲和南美洲——以他的名字命名了，而且人们会永远这样叫下去。这个极为平常、几乎不为人知的人叫亚美利哥[①]。

你听过一首美国歌吗？它是这样唱的：“我的祖国，我为你歌唱。”“我的祖国”指的是北美洲的一部分，很小的一部分。

美国的5分硬币正面有一个印第安人的头像，这可以从他的头发看出来。为什么美国的硬币上印的是印第安人，而不是白人呢？硬币的另一面是一头水牛的图像。为什么它要印水牛，而不是马或者奶牛呢？

其实，在很早之前，那里根本没有白人，也没有马或奶牛，反而到处都是印第安人和水牛。如今的美国，印第安人和水牛已经非常

---

① 亚美利哥 Amerigo，美洲的英文是 America。

少见了。硬币上的图案提醒着我们，印第安人是那里的原住民，水牛是那里最早的动物。

如果你仔细看硬币上的字，会发现上面写着“美利坚合众国”，这是美国的全名。但是这个名字太长了，因此，我们简称它为美国，或者 U.S.A。

你看见过这样一幅画吗？一名个子很高的男人，穿着一套看起来好像是用美国国旗做的衣服——红白相间的条纹裤子，长长的燕尾上衣，戴着一顶满是星星的帽子。实际上，这不是历史上的真人，但是他却是美国的象征，正如美国省略成 U.S 一样，也有人说这是山姆

大叔（Uncle Sam）的缩写，所以这个穿着国旗的老伙计被我们称为山姆大叔。

美国的地图看起来好像打满补丁的被子，这些不同尺寸和形状的补丁就是美国的州，这些州都是联合在一起的——意思是，州与州之间连在一起，它们之间确实没有界线。地图上的这些线在地面上只是用石头简单地做了标记，因此，当你从一个州进入另一个州时，可能根本就不知道自己来到了另一个州。每个州都有城市、镇和乡村。我住在一个城市里，这个城市在马里兰州。你可能住在另一个城市、小镇或是乡村。但是，我们都住在美国的某一个州。当然，美国也有几个不属于任何州的地方，等会儿我会告诉你这几个不属于任何州的地方。

有些州的边界是笔直的，有的则会有一个、两个或者更多的弯曲。有些州很大，有些州却很小。美国最大的州是得克萨斯州，在美国地图上位于中部下面一点的地方——不过我们不说下面，我们说南面。美国最小的州是罗得岛州，但它根本就不是什么岛。它在地图中上偏右的地方——不过，我们不说中上偏右，我们说“东北面”。得克萨斯州有200多个罗得岛州那么大。也就是说，你能把200多个罗得岛州塞进得克萨斯州。

很久以前，世界上并没有美国这样一个国家，只有沿着大西洋海岸的13个州，这些州都很小，于是他们想要成立一个俱乐部。关于美国的来源，还有一个古老的故事。据说，有个男人想折断一束树枝，可是怎样都无法如愿。于是，有人给他出了个主意，把树枝分开，再一根根地折，这样就能很容易地折断。同样，这些州认为，如果他们彼此分开会很容易被打败，如果能像一束树枝那样捆绑在一起就不容易被折断了。于是，他们联合起来，这样就不易被敌人打败。这13个州组成了一个十三州俱乐部，起名叫美国[①]。他们将“联合就会有力量”当作自己的座右铭，意思就是“聚在一起就会变得强大”。

现在，人们常常把“13”看作是不吉利的数字，不过这13个州可不怕因此带来坏运气。一个新国家总得有国旗，他们制作了一面有13道条纹的旗帜——七条红纹、六条白纹——并在旗帜蓝色的一角用一颗白色的星星代表一个州。慢慢地，北美的其他一些州也觉得自己应该加入这个俱乐部，于是，越来越多的州加入进来，一直扩大到50个州。这些州连起来从东边的大西洋一直向西延伸至另一边的太平洋，从太阳升起的地方一直到太阳落下的地方。每新加入一个州，国旗左上角的星星就会增加一颗，但是条纹却不再增加了，不然就太多了。因此，现在美国的国旗上有50颗星——这就意味着美国是由50个州联合在一起组成的。这也是我们的硬币上有“e pluribus unum”字样的原因，它的意思是“从一到多”。

但是，并不是整个北美洲全部都加入了这个俱乐部。美国北部的国家叫加拿大，南部的国家叫墨西哥。这两个国家的人都属于美洲人，但是他们有和我们不同的统治者，因为他们属于不同的国家。

尽管只有极少数的印第安人留在美国，但我们仍然用他们的名字命名一些州。看看你能不能在地图上指出哪些州用的是印第安人的名

① “美国”是美利坚合众国的简称，就是各州联合起来组成一个国家的意思。

字。马里兰和弗吉尼亚，当然不是了，因为它们是女孩的名字；用“新”字开头的州，如纽约[1]、新泽西和新罕布什尔州，当然也不是印第安人的名字，它们是根据别的国家的老地名取的；但像明尼苏达（它的意思是“蓝天和水”）、俄亥俄（意思是“漂亮的河”或“巨大”）等其他州就是用印第安语命名的了。

① 纽约：英文写作 New York，因而开头有“新”字。

第 5 章 沼泽地上的城市

帽子（cap）有头的意思，因为帽子是戴在头上的。

上尉（cap-tain）也有头的意思，是说上尉是一连士兵的头儿。

首都（cap-ital）也同样有头的意思——首都是一个国家或一个州的头。

我小时候住在美国的首都（capital），但我没有住在美国的国会大厦（capitol）①。这听起来很有意思吧，但是千真万确，两个单词不一样，首都是指一座城市，国会大厦只是一栋建筑，当然我没法住在国会大厦，连总统都不能住在那里。

美国刚建国时，人们要找一个合适的地方作为首都。当时有八个备选的地区，最后，一块沼泽地被选定为最适合建首都的地方，因为那儿最靠近当时国家的中心。后来那儿建了一座城市，名叫华盛顿，以乔治·华盛顿命名，因为他是美国的第一任总统。从我出生一直到我的童年，华盛顿区域内仍有个地方叫“沼泽”或“洼地”，不知道

① 首都（capital）与美国的国会大厦（capitol），读音相同，只差一个字母，容易混淆。

现在人们是不是还这样叫。如今，华盛顿已是世界上最美丽的城市之一，有美丽的公园、雄伟的建筑。乔治·华盛顿没有在华盛顿住过，而是住在距弗吉尼亚大约16公里的一个名叫弗农山庄的地方。如今，华盛顿都快成为美国的边界了，离开中心超过了1600公里。首都还在原地，但国家的版图扩大了。

美国有28个城市名叫“华盛顿”。从地图上看，首都华盛顿好像在马里兰州，其实不是。它不属于任何州，所有州的首府都有属于自己的地盘，因此这块地方被称为哥伦比亚特区，或者简称D.C.。哥伦比亚特区是以发现美洲大陆的哥伦布的名字命名的。如果你给首都华盛顿的某个人写信，你必须仔细地在华盛顿后面加上D.C.，因为叫华盛顿的城市太多了，如果不这样，你的信有可能很久才能被送达。

当我还是个小孩时，我认为国会大厦就是全世界最漂亮的建筑。

等到我差不多欣赏完了世界上所有最美的建筑之后，这一想法改变了。我甚至见过一栋只能在天堂里才能见到的建筑。我曾经在沙堆上尽我最大努力搭建过一个国会大厦，先用鞋盒装上满满的一盒湿沙子，为了不让沙子散开，我小心翼翼地把盒子扣过来倒出沙子，然后用同样的方法，用茶杯做了个圆屋顶，就算把国会大厦建筑完成了。

我曾经认为其他国家的国会大厦应该也有圆顶，但是直到最近我才知道，国会大厦并不是最早拥有圆屋顶的建筑。最早有圆屋顶的建筑应该是教堂，而且，许多国会大厦并没有圆屋顶。当我还是个孩子时，常常喜欢爬到圆屋顶上面——那上面可没有电梯——鸟瞰整个城市，看下面来来往往的像蚂蚁一样小的人群。

国会大厦的一侧是一栋特别大的房子叫参议院；另一侧也是一栋大房子叫众议院。在参众两院，人们像学校里的小孩一样坐在桌子旁。就是这些人制定了美国的法律，所有美国人都必须遵守。在参议院的人被称为参议员，在众议院的人被称为众议员。参议员和众议员都是性别平等的，他们既可以是男人也可以是女人。

每个州可以选两名参议员进入华盛顿的国会，不论是像得克萨斯这样的大州还是像罗得岛州一样的小州，都只有两名参议员的名额。每个州还会向华盛顿的国会派驻众议员，不过每个州的众议员的数量是以州的人口多少来决定的：纽约州的人口众多，在国会的众议员就多；有些州人口太少，就只有一名众议员。参议院和众议院一起被称为国会，当国会举行会议时，国会大厦上会升起一面旗帜。

在这本书或者其他一些书的前面，你会看到书上印着有关“版权”的几行字。从国会大厦经过一个公园，有一座非常巨大的建筑，建筑上方有金色的圆屋顶，这就是国会图书馆。任何人在美国出版一本书，都会先送两册到这个图书馆，然后图书馆会授予他“拷贝的权利”，这意味着其他人没有他的允许，都没有“权利”复印或者印刷那本书。国会图书馆的藏书比世界上任何别的图书馆都要多。

现在你可以看看你家的相机、电视机或者其他一些电器，看看能不能发现“专利”这个词。无论哪一个美国人发明了任何一个新的、有用的东西——不管它是一支钢笔、一架飞机或者是一个老鼠夹，都会先送到华盛顿的一栋叫作专利局的大楼来申请专利，这个被送去申请专利的东西通常被称为“模型”。如果这个东西确实是新发明的，而且以前也没有人做过同样的东西，专利局就会授予他制造和贩卖这种东西的独有权利，其他任何人都不允许再制造和贩卖同一种东西了，这就叫专利。有些模型特别奇怪，有个人发明了一种用铁腿走路的蒸汽机。我小时候就发明过一种“瞬间弹回”手帕，我一用手帕擦完鼻涕，一根皮筋就会把它拉回到我的口袋。不过，我没有去申请专利。

游行！士兵！音乐节！飘扬的旗帜！华盛顿有一条名叫“宾夕法尼亚”的宽大街道，或者直接称它为“大道”，这条街所有的人都知道，这里常常有一些规模庞大的游行队伍经过。其实，它应该被称为“游行大道”。它从国会大厦一直延伸到1.6公里外的一座看起来像银行的建筑，这个建筑是财政部。10美元上的图案就是这栋建筑。财政部保管钱财，人们通常用两个字母U.S.代表美国（United States），同样用这两个字母来代表“美元”，把一个字母写在另一个字母上面，并将“U”的一大半切掉，这样就成了“$”。

纸币和邮票在另一栋楼里制造。

带着你参观的导游会这样介绍：“看到那边那个摇着印刷机手柄的人了吗？他一天能造出一百万美元！”

“哇！那他一定是世界上最富有的人吧？”

“噢，不！他一天才挣5美元。”

银币、金币或铜币不是在华盛顿制造的，而是在一个叫铸币厂的地方制造的。

小时候，我有一个很旧的书柜，我把它叫作我的博物馆，里面存放着一个海星、一些贝壳、一个鸟窝、一块“金”石头等。华盛顿也有一个巨大的博物馆，名叫美国国家博物馆，里面有很多从世界各地搜罗过来的奇珍异宝。

美国有许多白色的房子，但是，就数财政部旁边的那栋白宫最不一样了，因为它是总统居住的地方。20 美元上面就有它的图案。新当选的总统从白宫的后门一走进后花园，就能看到一座为纪念美国第一任总统华盛顿而建造的纪念碑。华盛顿纪念碑是世界上最高的单块石刻作品，它就像一根巨大的手指。它看上去好像有 1600 米那么高，其实它只有 169 米高，甚至还不如一座小山高呢。人类哪能跟造物主上帝相比呢，我们永远造不出和上帝的杰作一样高的建筑。尽管纪念碑有电梯，我还是喜欢爬楼梯上去，一次跨两个台阶——这样做只是为了好玩，想看看自己能有多快，能不能超过电梯。男孩们都是这样。下来的时候，我一下能跳六级台阶，比电梯还要快呢，不过上去不行，

没电梯快。爬上去时，我经常会累得气喘吁吁的。

华盛顿纪念碑前有一个长长的水池，它像一面镜子，里面能看到纪念碑的倒影。水池的另一端是一座四周环绕着柱廊的大理石建筑，它是为纪念美国第十六任总统林肯而建造的。它算得上是为纪念一个人而建造的全世界最壮观的建筑了。5美元的钞票上就有这座建筑，钞票的背面就是林肯的头像。林肯出生在一间特别小的木屋里，他的家非常小，小到能很轻松地放入你的房子里。没有谁比林肯更可怜、更贫穷、更缺少机会了，但是他后来成为了美国总统。他担任总统期间，美国被分成南北两部分，并且它们之间爆发了激烈的战争，眼看就要分裂了，是林肯维护了美国的统一。这就是为他建立这座漂亮的建筑的原因。这座建筑里面只摆放着一件东西，那就是一尊坐在椅子上的林肯雕像。他坐在那里，注视着下面前来瞻仰他的人群，他的精神好像还活在那尊雕像里。

第6章
弗吉尼亚的领土，宾的森林

你有没有用陀螺换过几颗弹珠呢？有没有用苹果换过梨呢？远在美国和华盛顿诞生之前，一条河静静地流过现在叫作华盛顿的地方。河边住着一些印第安商人，这些印第安人划着独木舟，在河上来来往往，与其他印第安人交换货物，用手头的东西去换自己想要的东西——用珠子换毛皮，用弓换箭，用玉米换土豆等。在印第安语中，商人被称作“波托马克”。因此，人们把这条河叫作“波托马克河”。波托马克河刚好将两个州隔开，这两个州是根据两位女王的名字来命名的：马里兰州和弗吉尼亚州。波托马克河上的这些印第安人划着独木舟顺流而下，来到了一片更宽阔的水域。这片水域看上去很像宽阔的大海，于是这些印第安人把它叫作“切萨皮克”，意思是“百川之母”，这就是我们今天在地图上可以看到的“切萨皮克湾”。切萨皮克湾尽管不是海洋，却是美国最大的海湾。

你吃过蜗牛、水龟或青蛙的肉吗？有些人非常喜欢吃这些动物的肉。印第安人发现切萨皮克湾中有牡蛎，刚开始没人想到牡蛎可以吃——牡蛎看上去一点都不像是能吃的东西。直到有一天，一个印第安人饿坏了，身边什么吃的都没有，如果再不吃东西就会饿死，所以他就跑到切萨皮克湾中，捞起来几个牡蛎，砸开硬壳，开始狼吞虎咽地吃起里面的肉。结果，他发现牡蛎味道鲜美，而且也不会蜇人，于是其他人都去捞牡蛎吃，人们就开始吃牡蛎了。现在，几乎所有人都喜欢吃牡蛎，无论是生的牡蛎还是熟的牡蛎都广受欢迎。世界上其他地方也有牡蛎，不过很多人说切萨皮克湾的牡蛎个头儿最大，最好吃。不过只有在有“R”字母的八个月份①吃才好吃。三月（March）的牡蛎很好吃，而六月（June）的牡蛎就不好吃了。

切萨皮克湾附近有两座主要城市，一个是安纳波利斯，另一个是巴尔的摩。“安纳波利斯”的意思是“安娜之城”，也是根据一位女王的名字命名的。这样一共有三个地方是根据女王的名字命名的——安娜之城（安纳波利斯）、玛丽的领土（马里兰州）和弗吉尼亚的领土（弗吉尼亚州）。安纳波利斯是马里兰州的首府，就好像华盛顿是美国的首都一样。安纳波利斯有一所学校，专门培养水兵，好为海上战争做准备，名字叫美国海军学院。能到海军学院学习的男孩都非常优秀，都是在各州的选拔中脱颖而出的。他们在海军学院学习所有与船只、作战以及地理相关的知识，并学习指挥船只，有时他们也会出访其他国家。

巴尔的摩是马里兰州最大的城市，它是根据一位英国男爵的名字

① 英语中包含 R 字母的月份是：一月（January）、二月（February）、三月（March）、四月（April）、九月（September）、十月（October）、十一月（November）、十二月（December）。不包含 R 字母的月份是：五月（May）、六月（June）、七月（July）、八月（August）。

命名的。这里铺设了美国的第一条铁路，这条铁路从巴尔的摩通往俄亥俄州，被称为“巴尔的摩—俄亥俄铁路”，简称为“巴俄铁路”。巴尔的摩还有著名的约翰斯·霍普金斯大学和约翰斯·霍普金斯医院。世界各地许多优秀的人才都会去约翰斯·霍普金斯大学读书，也有很多人去约翰斯·霍普金斯医院看病。

一位叫作宾的男人曾经拥有过马里兰州北部的那个州，那里是一片大森林，所以被叫作宾夕法尼亚，意思是“宾的森林”。其实早在“宾的森林”存在以前，那里就有许多非常茂密的森林，树木高大浓密，生长迅速。很多年后，那些树木全都死去了，被埋入地下，慢慢变成了黑色的岩石。又经过很多年，人们把这些黑色的石块挖了出来，很偶然地发现这些岩石与其他岩石有些不同，是可以燃烧的。这些岩石当然可以燃烧了，因为我们现在都知道，它其实是硬化了的木头，也就是现在我们所说的“煤”。

煤炭分为两种，一种是软煤，另一种是硬煤。之所以将前一种称作软煤，并不是因为它柔软得像垫子，而是因为它非常容易碎裂。硬煤是最好的煤，因为软煤燃烧时会产生很多烟、灰，但软煤胜在价格比硬煤便宜得多。宾夕法尼亚的东部出产硬煤，西部出产软煤。

成千上万的矿工在地底下辛勤地挖着煤，对他们来说，待在矿山里面，白天也像晚上一样。有了他们挖的煤，蒸汽机才能运转，我们才有暖气可以用。这些矿工一年又一年地挖掘着煤炭，挖出了一个个深深的大洞，使得现在的宾夕法尼亚州的地底下很多地方是空的。

煤炭在地下是一层层地分布在岩石之间的，就像千层巧克力蛋糕中间夹着一层层的巧克力一样。除了煤炭资源，宾夕法尼亚州还有铁矿资源，铁矿不像煤炭一样一层层地分布，而是混在地下的岩石中，这样的岩石称作铁矿石。为了从铁矿石中提炼出铁，工人会在铁矿石底部生起大火，然后铁熔化成铁水，流入地上的槽中，这些槽是工人为了接住铁水提前在地上挖好的。铁水冷却后凝固成像猪（槽）似的生铁块（pig）——之所以把生铁块（pig）也叫猪（pig），也许是因为生铁块和猪的大小差不多，或者因为猪也用槽来吃食。

要从铁矿石中提炼出铁，就必须有足够的热量，所以就必须要有像煤炭这样可以供热的东西。但有些地区虽然有丰富的铁矿石却很少有煤炭，而有些地区有大量的煤炭却没有铁矿石。这就像你们想玩棒球的时候，有些男孩只有球，而有些男孩只有球棒。位于宾夕法尼亚州西部的匹兹堡则既有煤炭资源又有铁矿石，就像有些男孩既有球又有球棒一样。

当地人从铁矿石中提炼出铁，然后将铁制成钢，再用钢制作铁路的铁轨、建筑的横梁和横跨河上的大桥。

《圣经》一书中曾提到过“费城”（Philadelphia），意为“充满兄弟之爱的城市”。宾夕法尼亚州最大的城市，也是美国的第三大城市，就是用这个名字命名的。我不知道用这个名字来命名它是否合适。费城的光辉已经大不如从前了。华盛顿哥伦比亚特区还未成立之前，费城曾经是美国的首都，而现在连宾夕法尼亚州的首府都不是了。费城有一座古老的建筑，名叫“独立厅”，厅内有一口大钟，美国刚刚成立时，每当遇到具有历史意义的时刻，都会敲响大钟。现在这口钟已经开裂，再也不能敲响了，但是它比美国任何一口可以敲响的钟都珍贵。

全世界最大的“浴缸”离费城不远，它位于新泽西州沿海地区的大西洋城。大西洋城是一个海洋浴场，吸引着世界各地的人们，游客在这里可以尽情地休闲放松，享受盐浴和太阳浴。大西洋城岸边有一条几公里长且十分宽阔的由木板铺成的人行道，人行道两旁有各种丰富的娱乐休闲设施。如果你想在这条宽阔的人行道上好好享受一番，就去大西洋城吧！

第 7 章 帝国之州

人们会把几个合在一起的国家称作“帝国”。纽约州常被称作“帝国之州”，那里有很多很多人、很多很多的公司，还有很多很多的钱，这些都可以抵得上几个国家呢！

纽约州南部有个城市叫纽约市，纽约市是全世界第二大城市。与其他城市相比，纽约市有更多的商店、酒店、人口、财富和高楼。纽约其实是根据英国一个叫作约克的地方命名的，当时英国移民来到美国后，就把自己居住的地方叫作“新约克”，也就是现在的纽约。现在的纽约比以前那个“新约克”要大好多好多倍呢！纽约有很多百万富翁，当然也有很多穷人。世界各地的人纷纷涌入纽约，希望自己能成为百万富翁。有些人去纽约之前，一直以为纽约的街道是用黄金铺的，到了之后才发现原来也是最普通的柏油路，因此会非常失望。

纽约城最主要的部分是一个岛，印第安人把这个岛叫作“曼哈顿”。当时白人只花了 24 美元，就从印第安人手中买下了整个曼哈顿岛。当时付的不是美元——那时印第安人还不知道钱是什么东西呢，他们只要了几串珠链、几件小饰品，加起来总共值 24 美元左右。现在曼哈顿一小块土地的价钱就比当时整个岛的价钱都高了。你可能会问：“为什么那么小的一块地都会这么贵呢？”因为土地和纸不一样，纸只有薄薄的一层，土地却很厚。如果你拥有一块土地的话，那么这块地的上方和下方都是属于你的，包括地下很深的地方和地上很高的高

空。正是由于纽约的土地很贵，所以人们建了很多高楼大厦，也就是人们所说的“摩天大楼”，因为五十层楼房和一层楼房占据的地面面积是一样的。

我觉得纽约人建造的楼房是世界上最神奇的，又高又壮观，也很漂亮，让人赞叹不已，就像“大人国”的房子一样，你看过《格列佛游记》吗？那本书中就讲到了大人国，大人国里居住的都是巨人！纽约的摩天大楼高耸入云，不怕风吹雨打，不怕电闪雷鸣，它静静地站着，看着下面来来往往的人们。正是这些人用自己的双手建造了那么多高大漂亮的楼房，这些高楼大厦正好反映了纽约“追求更高”的格言。我们有一句名言是：“高大的橡树都是从小小的种子长大的。”纽约有一栋60层的建筑，费用全是从小硬币积攒起来的。你应该知道“一元店”吧？当时造那栋楼时，用的钱都是“一元店”里5分、10分的硬币。纽约最漂亮的建筑是帝国大厦，它有102层，在好长一段时间里它比世界上任何其他建筑都高。

纽约还有几栋建筑可以算得上是全世界的“国会大厦”。第二次世界大战结束后，许多国家都希望能想个办法避免第三次世界大战。所以，这些国家都派出代表一起开会，就像我们每个州派出代表去国会开会一样。他们在会上讨论的各种话题都是与所有国家息息相关的。如果有两个国家吵架了，各国代表就会通过开会劝说这两个国家不能打架，要好好解决问题。这个国会就是我们所说的“联合国”，联合国认为在纽约开会、讨论各种各样的事情最合适，所以就在纽约建造了刚才提到的那几栋大楼。联合国开会时，各个代表的发言会通过26种语言进行播放[①]。

在联合国会议上，每个代表都说自己国家的语言，其他人都能听懂。这是为什么呢？其实是因为每个人都戴着耳机，听翻译把发言译成自己能听懂的语言。做翻译的人至少需要懂两种语言，他们从麦克风里听到信息后，就把它翻译成另一种语言，传送到代表的耳机中去。数百万人可以通过电视收看联合国会议。

纽约港的一个小岛上有一座巨大的铜像，它就是我们所说的“自由女神像”。“自由女神”手中高举着一个火炬。她的手长大约有5米，好长的手哦！如果能和她握手，那感觉肯定非常神奇。她的一个手指就有两米多长，如果戴戒指的话，戒指得有多大啊！她的鼻子长1.5米左右，如果能闻到气味的话，肯定什么气味都能闻到吧！她的嘴巴有1米宽，如果能说话，她的声音得有多响亮啊！自由女神像里面是空心的，你可以爬到她的头和手臂里面，她的火炬里面可以站十几个人呢！每次有船经过，甲板上的人都会高兴得欢呼起来：“大家快看啊，那就是自由女神像！”“我的祖国，一个自由美好的国度。”每当人们坐船离开时，都会朝自由女神像挥手道别，有些人可能永远都不会再来了。

曼哈顿岛西面是哈德逊河，东面是东河。东河上有一座桥，用铁索拉着桥身，桥下没有任何柱子，这样的桥就叫“悬索桥”。东河上

---

① 截至2015年，联合国大会共有193个会员国。按规定，联合国官方正式使用的工作语言只有六种，按英文字母排列顺序为：阿拉伯文、中文、英文、法文、俄文和西班牙文。六种语言同等有效，联大代表们发言时可以任意选用其中一种。代表们发言都要在现场用这六种语言同声传译，会场内每个座位上都有一个可以听到六种语言同声传译的耳机，代表们可选择自己想听的语言。

的这座桥叫布鲁克林桥，因为桥的另一端是长岛，那里有一个名叫布鲁克林的城市。现在，布鲁克林是纽约市的一个区。通常人们只在小溪上搭建悬索桥，所以布鲁克林桥是世界上建造的第一座又长又宏伟的悬索桥。整座桥高高地悬在空中，河上最大的船只也能顺利地从桥下通过。

一开始，人们很害怕，不敢在布鲁克林桥上走，他们说："这座桥居然是用绳子吊起来的，肯定不安全！虽然绳索是用钢丝拧成的，但只要一踩上去，桥肯定会掉下去。"卡车和汽车疾驰而过时，桥确实会左右摆动，不过还是稳稳地悬挂着。东河与哈德逊河上还有其他的几座桥，它们都可以通往纽约市。人们还在哈德逊河河底挖了一些

隧道，这些海底隧道就像铺在河底的管道一样。

曼哈顿岛和其往北的地区有两条全世界著名的街道，一条是百老汇大街，另一条是第五大道。百老汇大街刚开始只是一条非常短的街道，不过非常宽阔，所以人们就把它叫作“百老汇大街”。现在百老汇大街已经变得很长了，你可能会问：“那现在是不是应该叫‘百老汇长街’呢？”这条街上有一段路每到夜晚就灯火通明，几千盏电灯以及闪烁的广告牌会一起亮起来，因此许多人就形象地把这段街道叫作“白色大道”。第五大道是时尚天堂，你能在这里找到全世界最有名、最昂贵的商店，所以“第五大道”也叫作“时尚大道”。纽约城非常拥挤，很多人上班都乘坐地下的火车，我们把这种在地下跑的火车叫作“地铁”。

虽然纽约市的土地比世界上任何其他地方的都贵，但是纽约还是有两个很大的公园，可以让城中人在公园里感受田园风情，这两个公园就是中央公园和布朗克斯公园。中央公园有五个街区那么长、几个街区那么宽。布朗克斯公园里有一座很棒的动物园，里面有各种各样珍奇罕见的动物，都是猎人从各地——丛林、高山、沙漠和非常遥远的荒野之地——捕捉回来的。

有一次，一个外国人来到纽约，欣赏了一天的风景。晚饭前，他想开车去看尼亚加拉瀑布，很多人都说尼亚加拉瀑布是世界上最壮观的瀑布。但有人告诉他，从纽约市出发的话，要坐一晚上火车才能到达尼亚加拉瀑布。他听后非常吃惊。

“尼亚加拉瀑布不是在纽约吗？”他奇怪地问。

“没错，”这人告诉他，“不过，不是在纽约市，而是在纽约州的最西端。”

纽约州西部有两个著名的湖泊——伊利湖和安大略湖，这两个名字其实都是印第安名字。从地图上看，伊利湖在安大略湖的下面，其实伊利湖比安大略湖地势高很多。伊利湖的水从一处又高又宽的悬崖飞泻而下，流入安大略湖中，就形成了尼亚加拉瀑布。世界上有很多比尼亚加拉瀑布更宽更高的瀑布，但就数尼亚加拉瀑布最漂亮、最出名，所以会有许多人从世界各地来到尼亚加拉瀑布度假。瀑布发出震耳欲聋的轰鸣声，几公里外都能听到。在阳光灿烂的日子里，瀑布底部升起的水雾中还会显现出五彩缤纷的彩虹。每天尼亚加拉瀑布都会接待几千名游客，每一千名游客中：

358 人会说：“太好看了！”

247 人会说：“太壮观了！”

136 人会说：“太美了！”

93 人会说：“太棒了！”

45 人会说：“太漂亮了！”

24 人会发出惊叹：“哇！”

而其他人只能发出“啊！”的感叹。

瀑布下方有个巨大的桶，一部分瀑布的水会流入桶中，桶底部有几个巨大的轮子，流水推动轮子转动，就能发电了。通过电线的传输，我们就有电可以用了，比如说磨坊啦、电车啦、家里的电灯啦、附近水牛城的路灯啦，有些很远的地方都能用上这里发的电呢！

一直以来，不少人都想从瀑布上面跳下来，还真有一个人乘着一个圆桶从上面跳了下来，而且还成功了。不过，伊利湖上的船要想开到安大略湖，是不能从上面直接开下来的。人们在瀑布旁边开凿了一条河，将伊利湖与安大略湖连接起来，然后在水中建造了一些阶梯，伊利湖上的船只就可以通过这条河缓缓地开到下面的安大略湖，也可以从安大略湖开上去。这条人工开凿的河叫作韦兰运河。

你可能会觉得有点奇怪，船怎么能从那么高的地方开下来呢？又怎么开上去呢？河里的台阶又是什么呢？我们把河里的那些台阶叫“水闸”。运河里的水闸就像巨大的浴缸，你有没有在浴缸里玩过自己的小船呢？如果有的话，你应该知道，当你往浴缸中灌水时，水面越高，你的小船就越高；当你把浴缸里的水放掉时，水面越低，你的小船也越低。

水闸和大船之间的关系就像浴缸和小船之间的关系。如果一艘大船要从上面的伊利湖开到下面的安大略湖，这艘船首先要进入最上面的第一个水闸，然后人们把水闸里的水放掉，水面越低，大船也越低。水放完后，大船就到了水闸底部。这时，打开水闸底部的门，大船就会进入下一个水闸中。一次次重复这个过程，大船就能顺利到达安大略湖啦！如果一艘大船要从下面的安大略湖开到上面的伊利湖，这艘船首先要进入最下面的第一个水闸，水闸门关上后，水开始注入水闸中，随着水面上升，大船也会上升。无论是细小的木条还是庞大的船只，都能在水面上浮起来。水是很神奇的东西，就是我们平常用的水，其力量都比巨大的机器还要大呢，它能轻而易举地托起最大的轮船和最大的战舰，轻松得就像是它上面浮着的是羽毛，就像你的手捧起一片雪花。

如果船只想去纽约市，从前要先经过韦兰运河，通过那些水闸，进入安大略湖，然后进入圣劳伦斯河，最后才能抵达纽约市。圣劳伦斯河连接着安大略湖和大西洋。因为这条航线太长，人们又开凿了另一条运河，将伊利湖的水牛城与哈德逊河直接连通起来，这样运河贯穿了整个纽约州。有了这条运河，大船就能走近路，从伊利湖上直接开到纽约市。这条运河就是我们所说的驳船运河，也是世界上最长的运河之一。

第8章
新英格兰

如果我们的鞋子、帽子或汽车已经使用了一年，那就不算是新的了，但美国有一个地方，已经有三百年的历史，名字里仍然带着一个“新”字。大约三百年前，一些英国人漂洋过海，来到了美国东北部地区，在那里安了家落了户，他们把在纽约州北面的这六个州叫作“新英格兰”。当地的印第安人想说那些白人是“英国人”，却发不准那个音，只能发出“英给”或者“扬基”的音，就像很多小孩在牙牙学语的时候，叫“哥哥”时发音不准，可能会说成“嘚嘚”，所以我们现在仍然把新英格兰地区的人叫作“扬基佬”。这个地区的六个州都非常小，加起来还比不上西部的一个州大。不过，这些州虽然小，在许多其他方面却非常了不起。

这个地区最大、最重要的城市就是波士顿，是根据英格兰一个小镇命名的。很多人把波士顿叫作“轮毂”，他们认为整个世界是绕着波士顿转动的。你知道“轮毂”是什么东西吗？“轮毂”就是车轮的中心，车轮的其他部分都绕着“轮毂”转动。当然啦，世界不可能绕着波士顿转动。事实上，地球是绕着南极和北极转动的，这两个极才是地球的轮毂。人们说世界绕着波士顿转动只是开玩笑罢了。

如果一个地方天气寒冷，土地里有很多石头，那它肯定不适合种庄稼。新英格兰地区的冬天非常寒冷，而且土地里有很多石头，当地人甚至可以用田地里拣出来的石头堆成石栅栏。所以这个地区不适合种植庄稼，但当地有很多瀑布，瀑布的水可以让工厂的轮子转起来，这样人们就能在工厂里制造各种各样的东西。新英格兰地区就像一个巨大的制造工厂，为美国其他城市生产各式各样的东西——不是像匹兹堡生产的铁轨或大桥那样的大东西，而是个人的日常用品，比如缝衣针、别针、钟表、鞋子、靴子等。以前，我们把这种由水推动轮子转动的工厂叫作“磨坊”。现在，当地瀑布的水主要用来发电。有了电，工厂的机器就能运转。不过，人们仍然习惯上把这些工厂叫作“磨坊”①。

当我还是个孩子的时候，总觉得光着小脚丫是最幸福的事情，你会不会也这样想呢？有一些国家，无论是百万富翁还是穷人、乞丐，都光着脚走路，而美国几乎所有人都穿鞋子。新英格兰地区那些工厂生产的主要产品之一就是鞋子，当地生产的鞋子几乎可以供应所有美国人。我们都知道，鞋子穿久了会破，所以这些工厂日复一日、年复一年地一直生产鞋子。其中的一个州——康涅狄格州（是用印第安语命名的）生产的是别针，这个州每年生产的别针多得足够让美国的每一个男人、女人、孩子都使用100枚。你可能会问：那么多别针有

① 在英文中，mill（工厂）也指磨坊。

什么用呢？别针又不像鞋子那样会用坏，为什么要生产那么多呢？别针当然不会用坏，不过很容易丢失，每年人们会丢失几十亿枚别针呢。

当然，那里还生产好多其他东西，比如大量的各式各样的表，包括娇小可爱的腕表，小巧玲珑的钟，还有大型钟塔上的钟。线团也是当地的主要产品，当地一家工厂一天生产的线就能绕地球一周，也就是相当于4万公里长了。

放假后，你一般会去哪里度假呢？海滩？山里？还是到农庄里去？新英格兰地区是个度假的好地方，那里有很多漂亮的湖泊和瀑布，美国其他地方的人都去那儿旅游。人们可以在很多漂亮的景点露营，在清澈的小溪旁钓鱼，还可以在缅因州的森林里猎获野鹿和驼鹿。新罕布什尔州有一片山脉叫白山山脉，其中一座山是根据美国第一任总统的名字命名的，叫“华盛顿山”。华盛顿山是这个地区最高的山峰，许多人都喜欢去华盛顿山登山。佛蒙特州名字中的“佛蒙特”是“绿色山脉”的意思，这个州还真有一条山脉叫作“绿山山脉”。绿山山脉没有白山山脉高，不过也非常漂亮。新英格兰沿海地区是避暑胜地，夏季美国其他地方都很热，而这里却很凉快。

新英格兰人最引以为傲的应该是当地的大学。那里的工厂生产各种各样的产品，大学则培养各类优秀的人才。新英格兰地区有全国最著名的两所大学——位于康涅狄格州的耶鲁大学和位于马萨诸塞州的哈佛大学。哈佛大学是美国最古老的大学。

马萨诸塞州沿海有一个地方像一根弯曲的长手指，一直伸入海洋，似乎在召唤从大洋彼岸过来的人们，前往马萨诸塞州。我们把这个岬叫“科德角”[1]。人们大量捕捞鳕鱼，晒干后，运到世界各地出售。

科德角还吸引了英格兰以外的不同国家的人们来到这里的工厂做工，他们说着不同的语言。当地有四分之一的人口并非来自英国，所以严格地说，他们不能算是“扬基佬”。

① “科德角”的英文是Cape Cod，这样命名是因为这里的海域盛产鳕鱼（codfish）。

第9章
五个大水坑

你有没有想过：在小蚂蚁眼中，我们一不小心就会踩扁它们的蚁家，那我们是不是像巨人一样呢？在小蚂蚁眼中，它们怎么看我们的水坑呢？

美国北部有五个巨大的水坑（从地图上看起来确实很像水坑），就像是一个巨人把雨伞立在地上，伞上流下来的水形成了这些水坑。我们把这五个巨大的水坑叫作“五大湖”，这五个湖是美洲最大的湖泊。不过，在腿长1.6千米的巨人眼里，这些湖就像小水坑一样，轻轻一抬腿就能跨过去。你应该还记得前一章里我们曾提到过其中的两个最小的湖——伊利湖和安大略湖。另外两个湖的名字也是印第安名字，一个是密歇根湖，“密歇根”在印第安语中是“大湖”的意思；另一个是休伦湖。五大湖中最大的湖是苏必利尔湖，意思就是更大的湖，就像我们说一个孩子球踢得更好、得分更高时，也会用同样的一个词：优秀（superior）[①]。这五个湖中，只有密歇根湖整个都在美国

① “苏必利尔”的英文是superior，其意思是“优秀、较大、较好的”。

国内，是完全属于美国的，另外四个湖是美国与北部的邻国所共同拥有的，这个国家就是我们所说的加拿大。这四个湖刚好在美国与加拿大的交界处，两国各自拥有每个湖泊的一半。

苏必利尔湖不但面积最大，地势也最高。苏必利尔湖的湖水通过圣玛丽河倾泻而下，形成巨大的瀑布，流入休伦湖中。我们把这条瀑布叫“圣玛丽急流瀑布”，因为瀑布的水是迅疾、蹦跳着淌下来的。这些瀑布没有尼亚加拉瀑布那么高，但船只也不能直接从上面开下来。人们在瀑布附近又凿了运河，河里有我们前面说过的水闸，有了水闸，船只就能自由上下了。那里有很多船只往返穿梭，一条运河远远不够，所以人们在圣玛丽急流瀑布附近又开凿了五条运河，圣玛丽急流瀑布在法语中叫作“苏圣玛里”，很不好念，于是人们干脆就叫这条瀑布“苏”，也叫这条河“苏”，也叫运河“苏”。

五大湖上的船只很大，也很漂亮，跟大海上航行的船一样。五大湖就像是小一些的海洋，船只有建造成这样，才能在湖里顺利地航行。如果你在湖上，离陆地很远，远到看不到陆地，那时你会看到湖面波涛汹涌，和海上的大浪几乎没有什么两样。当然两者也有不同的地方，湖里的是淡水，海里的则是咸水。

很多人会乘着这样的大船在五大湖上度假，就像出海游玩一样，尽情享受；但许多船在湖上穿梭往来主要是为了做生意。这里所说的生意是指运送东西，也就是我们所说的“货运”。用船运送东西比火车便宜多了，一艘船上可以装很多货物，甚至比几列火车装得都多，而且火车必须有铁轨，但船只要在水面上航行就行了。我们用火车运货的时候，也使用“shipping”①这个词，这有点奇怪。不过因为运费非常便宜，所以只要能用船，人们都会选择船运。当然只有海边或湖边的人才能享受到船运的好处。

幸运的是，我们五十个州中有八个州都在五大湖边上，当然其中的几个州只有一小片地区挨着湖区，而密歇根州则与其中的四大湖毗邻——除了安大略湖。

你还记得吗？我们曾经在前文中提到过印第安人中的“波托马克”，也就是商人。这些人很会做生意，划着独木舟在河上来来往往，用手头的东西去换自己想要的东西。五大湖区的印第安人以前也是这样忙碌地做生意的。印第安人的独木舟是用一根树干凿成的，现在白人运货的船比那时的独木舟大几千倍。这些巨大的船只装载着成堆的货物，从湖区的一端开到另一端，在不同地方卸下人们想要的货物，然后装上其他货物开回去。

大部分船只都从苏必利尔湖一端的杜鲁斯起航。火车从杜鲁斯西部运来小麦，从附近的矿区运来铁矿，湖边大型的机器会用巨大的“手臂”把整车皮的小麦和铁矿吊起来卸到船上。这就像你玩儿玩具火车时，用两个手指头夹住玩具火车的车厢，把车厢里面的东西倒出来一样。在密歇根州紧邻苏必利尔湖的地区，船只会装上铜矿石和钢铁，经过苏运河，在一个位于休伦湖和伊利湖之间叫作底特律的地方卸下货物，或者把铁矿石运送到克利夫兰和伊利湖边的水牛城。大部分船只都不经过尼亚加拉瀑布，这些船卸下货物后，有时会装上新英格兰

---

① shipping 的意思就是“运输”，也可以指“船舶”。

地区或美国东部生产的东西，有时会装上宾夕法尼亚州出产的煤炭，运回杜鲁斯。

但是到了冬天，湖上所有的船运都停止了。因为这个地区冬天非常寒冷，湖面上会结冰，船只无法航行。

世界上每一秒钟差不多就有四个婴儿出生，底特律每一分钟就能生产出一辆汽车。全世界的许多汽车都是在底特律生产的。底特律的汽车制造工厂一端进去的是钢铁、木材、皮革等材料，另一端出来的就是闪闪发亮的汽车。在这些工厂内，每天的每1小时都会生产出几百辆汽车，然后通过船只，运到世界各地。

我现在坐的椅子历史很悠久，我出生前它就有了，它是用1600公里以外的密歇根州的木材做的。很久以前，密歇根北部覆盖着茂密的森林，那里的树木很适合做家具。当地生产了很多家具，尤其是一个叫作“大急流城”的地方，那里生产的家具比世界上任何其他地方生产的都要多。你看看自己家里的家具，说不定也有大急流城制造的呢！你只要看一看家具的底部，如果贴着“大急流城制造”的标签，肯定就是那里生产的。当地人砍伐了很多树用来做家具，他们用掉了大部分的树，只剩下了树桩留在那儿。但是当地人已经学会了制造家具，还在不停地生产家具，所以现在他们要做家具，只能从其他地方进口木材。

美国有两个州互相紧挨着，就像两个小孩子挤在窗口，探着头往外看，看着他们前面的密歇根湖，这两个州就是伊利诺伊州和印第安纳州，合在一起简称“伊印”。伊利诺伊州位于密歇根湖南部，那里有美国第二大城市——芝加哥。“芝加哥”也是一个印第安名字。芝加哥的铁路是世界上最繁忙的，大部分穿梭于美国国内的火车都会在芝加哥停靠，或从芝加哥出发。一列列的火车装载着乘客和货物，繁忙地穿梭于全国各地。

世界上有各种各样的动物，人们通常只吃三种动物的肉，那就是牛肉、羊肉和猪肉。每年美国人要吃掉好几百万头这样的动物呢！芝加哥附近以及远处的部分州都饲养猪、牛和羊。要养动物，就必须有饲料，而最好的饲料就是玉米，动物吃了玉米很快就长大了。很多州都种植玉米，艾奥瓦州种植的玉米比其他任何州都多，人们就把艾奥瓦州叫“玉米州”。但芝加哥饲养牲畜用的是从其他州运来的玉米。不过，更多运进芝加哥城的不是玉米，而是吃了玉米已经长大了的活的牲畜。这些牲畜在屠宰前，被统一关在牲畜栏内。芝加哥人会把它们加工成为各种肉类产品，再将这些肉类产品装入冰库中，用汽车或轮船运到其他地方，甚至还出口到欧洲。芝加哥可以称得上是全世界最大的“肉店”。我早晨吃的烤肉、中午吃的火腿三明治、晚上吃的烤牛肉都来自芝加哥。

第 10 章 百川之父

前文中我们提到过美国最大的海湾，那就是被称作“百川之母”的切萨皮克湾。美国还有一条最大的河，我们把这条河叫作“百川之父”，那就是密西西比河。你要注意，这条河的名字里有两个“西”，不要记漏了。

如果让你分别画一条河和一棵没有叶子的树，你会怎么画呢？画树的时候，你可能会先画一根树干，然后画上一些比较粗的树枝，最后再加一些非常细小的枝丫。画河流的时候，你可能只画一条弯弯曲曲的线吧？其实两幅图应该是差不多的，因为河流和树木一样，也有一条主干，还有许多大大小小的分支。当然啦，你不可能在地图上看到河流所有的分支。

不过，河流和树木还是有很大区别的：树木是从下往上长。河流则是所有的支流共同汇入主流。树木中的水是从根部流到顶部，而河流中的水却是自上而下流的。如果一条河没有支流，宽度将不会发生任何变化，有支流的河会变得越来越宽。

美国最大的河是密西西比河，它的源头位于美国最北端的一个小湖，那就是明尼苏达州的艾塔斯卡湖。密西西比河一路奔腾南下，途中不断有其他河流汇入，最后流入墨西哥湾中。密西西比河把美国分成了大小不同的两部分，河流西面的面积大约是东面的两倍。

密西西比河一路上“克服”了许多艰难险阻，才到达墨西哥湾。在墨西哥湾的入海口，人们建造了很多巨大的磨坊，在水的推动下，这些磨坊的轮子就能“呼呼”地转动起来。我们也曾提到过，新英格兰地区的“磨坊”生产各种各样的东西，而这里的磨坊是用来碾磨小麦的。小麦碾磨后变成面粉，就可以用来做面包啦！密西西比河源头以及河流经过的各州都盛产小麦，这里的小麦是全世界产量最多的，质量也是最好的。

对于一个像我这样的城里人来说，感觉 40 公亩就是块不小的面积了，40 公顷似乎就非常宽阔了，而 400 公顷简直是辽阔得没有边了。明尼苏达州有些种植小麦的农家，一家便拥有上千公顷的农田！那么大的地，农民靠手和马匹肯定种不过来。他们一般都会使用机械耕田，10 个犁具一起排开，那场面非常壮观。收割成熟的小麦或将麦穗和麦秆分卅的工作也都是使用机器来完成的，最后一步才是把小麦磨成面粉。

密西西比河河岸两边的瀑布附近有两个面积几乎一样大的城市，两个城市之间由一座大桥相连。这两个城市大小几乎相同，所以被称作“双子城”。其中一个是明尼阿波利斯，意思是“水城”，就像安纳波利斯意思是“安娜之城”一样；另一座城市是圣保罗。你们可能已经发现，五大湖区和密西西比河附近的城市都是根据基督教的圣人或印第安语命名的。那是因为最早来到美国的人中有一些牧师，他们在这里向印第安人传播基督教，于是他们用印第安人的名字或基督教圣人的名字给很多地方起了名字。

“水城”——明尼阿波利斯——是世界上面粉产量最多的地区。明尼苏达州和附近各州是全世界小麦产量最多的地区。

密西西比河一路向南，流入墨西哥湾中，沿途还经过许多其他城市。其中最大的是圣路易斯，这也是用基督教圣人的名字命名的城市。圣路易斯市附近有密西西比河最大的两条支流，一条是由西汇入密西西比河的密苏里河，另一条是由东汇入的俄亥俄河。两条河都是根据所在州的名字命名的，“密苏里”和“俄亥俄”也是印第安名字。密苏里河又宽又长，有时候很难区分：究竟密苏里河是密西西比河的支流呢，还是密西西比河是密苏里河的支流呢？如果我们从密苏里河的源头算起，一直到它汇入密西西比河，再到密西西比河最终流入墨西哥湾，流经长度超过了6500千米，所以说，密苏里—密西西比河加起来，便是世界上最长的河流。

沿途随着越来越多的支流汇入，密西西比河变得越来越宽，水量也越来越大。春季，白雪消融，雨水丰富，大量水流随着各支流汇入密西西比河。密西西比河的水越来越多，有时候会冲垮河岸，造成洪水泛滥。人们就在可能发生洪水的地方建起了河堤，我们把这样的河堤叫作防洪堤。有时，河里的水势过猛，水位过高，仍然会冲垮防洪堤，造成洪水灾害。一旦洪水泛滥，房屋和当地的人们都会被水冲走，洪水会淹死许多人和牲畜，毁坏成千上万亩的农田和其他财产。

密西西比河流入墨西哥湾前经过的最后一个城市是新奥尔良。我们把河流尽头流入大海的地方叫河口。我一直都不明白为什么要叫“河口”呢？我们的嘴喝水时，水顺着嘴流入身体，河流的水却是顺着河口流出去。密西西比河的河水中有大量淤泥，淤泥在河口堆积成几个岛屿，河水必须绕过小岛才能汇入墨西哥湾中。因此，密西西比河其实有好几个河口。

密西西比河的源头在美国北部，当地的冬天非常寒冷，河水越往南流，经过的地方就越暖和。人们把南方这一温暖的地区称作“迪克西兰”。新奥尔良全年气候温暖，圣诞节都盛开着各式各样的鲜花。在密西西比河的发源地，你可以看到生活在岸边的几乎都是白人，而随着河流进入南部“迪克西兰”地区，你会发现岸边会出现越来越多的黑人。他们主要在农田里种植棉花，就像有首歌中所唱的那样，“迪克西兰，盛产棉花的土地”，这里是全世界棉花产量最多的地方。不过，有一点很奇怪，据说美国一开始并没有棉花，最早的一棵棉花植物是从英国带到马里兰州的，最初种植棉花只是为了观赏漂亮的花朵。

棉花的植株是低矮的灌木，花朵包裹在一个个白色的棉球中，棉球里还有很多细小的棉籽。棉球采摘后，必须将棉花和棉籽分开，才能将棉花纺成棉线。棉线可以用来制作棉布，然后做成衣服、床单和棉质毛巾等。你稍微开动脑筋想一想，就能想出很多棉质的东西呢！以前棉质的东西很贵，因为人们要花很长时间才能把棉籽和棉花分开。后来，一位男教师发明了一种机器，很快就能从棉花中分离出棉籽。黑人把这种机器叫轧棉机，有了轧棉机，棉质的东西就变得便宜了。我们现在很难想象，没有棉花的时候人们是怎样过日子的？因为这一曾经只是用来观赏的低矮植物比其他任何植物的用途都更广，使用价值也更高，所以，人们常常称它为“棉花大王”呢。

第11章 青春之泉

冬天，鸟类会飞到南方过冬。美国北部冬天非常冷，一些人也会去南方过冬。美国最南部的地方是佛罗里达州，它的形状像一只小狗的爪子。“佛罗里达”的意思是“鲜花之都”。在前往佛罗里达州的路上，你可以看到来自其他各个州的汽车。冬天在佛罗里达州的人们可以享受阳光，尽情地在海里游泳，完全不用担心会被冻得簌簌发抖或打喷嚏。我们在前面说过，新英格兰地区是避暑胜地，而佛罗里达州则是避寒胜地。我认识一个人住在巴尔的摩，他冬天去佛罗里达州过冬，夏天去新英格兰避暑，一年中只有几周时间是住在巴尔的摩的家中。

刚开始，佛罗里达州根本没有白人居住。传说有人在佛罗里达发现了“青春之泉”。“青春之泉”有神奇的魔力，老人只要用泉水洗澡或者喝一点，就能恢复青春。正是由于听了这个传说，一些白人才来到了佛罗里达州，从此那里才开始有白人居住。事实上，无论是佛罗里达州，还是世界其他地方，人们都没能发现“青春之泉”。不过，许多老人都说，在佛罗里达州过冬之后，真的感觉自己变年轻了。

但是，在佛罗里达州，并不是所有的人都在尽情地享受生活，因为有很多从其他地方过来旅游的人，佛罗里达州的本地人要为游客提供各种服务，有的人经营酒店，有的人种植“早熟的新鲜蔬菜”，运送到寒冷的北部地区。美国北部的冬天非常寒冷，人们根本吃不到新鲜蔬菜，只能吃蔬菜罐头或冷冻蔬菜。我们平时经常会说：陀螺季节、风筝季节、篮球赛季、足球赛季或棒球赛季，大部分蔬菜和水果也是有季节的。比如没有塑料大棚的话，只有夏天才能吃到西瓜。佛罗里达州四季如春，没有霜冻，从不下雪，一年四季都能种植蔬菜和水果。当地人会将反季节的蔬菜和水果运到其他州，所以北部地区的人们在圣诞节也能吃到新鲜的草莓，一年四季都能吃到芦笋、生菜和小红萝卜。

佛罗里达州最著名的水果是橙子和葡萄柚，这两种水果只有在无霜冻的地方才能生长。葡萄柚的果实像葡萄一样成簇地生长，仿佛一串串硕大金黄的葡萄。这就是人们把它叫作“葡萄柚”的原因。人们一开始认为葡萄柚太苦了，不像橙子那么甜，总觉得不好吃，后来就慢慢习惯了。佛罗里达州产出的葡萄柚是全世界最多的。

以前，美国南部的地形中没有像“爪子”一样突出来的这一块，也就是说没有佛罗里达州。这个“爪子”是后来长出来的。当地的海水浅浅的、暖暖的，海里有不计其数的小生物，这些生物非常小，仿佛一小粒果冻，有的身体中央有一块坚硬的东西，有的外面有坚硬的贝壳。它们死掉后，身上的贝壳就像天女散花一样纷纷落到海底，慢慢地堆积起来，日积月累，形成了现在的佛罗里达州。因此，佛罗里达州的土地非常肥沃，适合种植蔬菜和水果，有时当地人还会把土壤挖起来，卖给其他州的人，用于蔬菜种植。

很久很久以前，地球上还没有人类的时候，美国整个国家都在海底，大部分地区形成的过程都和佛罗里达州一样，是由海洋生物的贝壳和鱼骨慢慢堆积形成的。我们把含有贝壳和鱼骨的石头叫作石灰岩，因为如果你让它燃烧，它就变成石灰了。在漫长的岁月中，地球会发生地壳运动，有些地方会下陷，有些地方会上升。美国就是由上升的一些地区所组成的。你可能会问：你怎么知道美国以前在海底呢？我们在美国的很多地方，包括一些高山上，都发现了由贝壳和鱼骨形成的石灰岩。漂亮的大理石就是一种石灰岩，它也是由动物骨头形成的。人们用大理石建造房屋和宫殿，也制作雕塑和墓碑。

许多来佛罗里达州旅游的人会在路上停下来欣赏风景。美国最著名的景点之一就是位于弗吉尼亚州和肯塔基州（这两个州地下的岩石都是石灰岩）的溶洞。肯塔基州的溶洞非常大，被人们称作“猛犸洞”。这些溶洞不是人工开凿的，而是滴水形成的。我们都知道，水可以溶解白糖，那你知不知道水也能溶解石灰岩呢？这些溶洞里的岩石都是石灰岩，“猛犸洞”像一个巨大的地窖，完全可以把一个城市和城里所有的建筑都吞进去。你在洞里很可能会迷路，长时间地在里面徘徊，而找不到出口，很久以前有人在洞里迷路后，就再也没能出来，许多年后人们在洞里发现了他们的骸骨。

洞顶的水是一滴一滴往下滴的，每滴水里面都有溶解的石灰岩。

慢慢地，洞顶就会形成下垂的石柱，我们把这些石柱叫作“钟乳石”。水沿着钟乳石往下滴，使地面上也形成了石柱，慢慢地，下垂的钟乳石越来越长，地面上的石柱也越来越高，有时候就碰在一起了。洞顶滴下的水还会在洞底形成水池，水里生长着一种与众不同的鱼。因为洞里非常昏暗，这种鱼不需要用眼睛看东西，时间一长，它的眼睛就慢慢地退化了，最后就变成了没有眼睛的鱼。不过，这种鱼仍然会用头部以前长眼睛的部位来感知东西。

第 12 章
大篷车

以前，美国人活动的范围集中在密西西比河东岸地区，河对岸是广阔的荒芜之地。很少有人沿着密西西比河岸一直向西，去往太平洋沿岸的地区。那里生活着野蛮的印第安人，有许多凶猛的野兽，还有高大连绵的山脉。那么，后来为什么有人会这么做呢？他们又是哪些人呢？最早去那里的人有捕猎野生动物的猎人，有向印第安人传播基督教的牧师，还有仅仅出于好奇，想去看个究竟的人。

一天，有人告诉另一个人，不知道听谁说在加利福尼亚州发现了金子。加利福尼亚州位于美国最西部，濒临太平洋。据说那里有很多金子，只要用盆从河里捞出沙子，就能从沙子和水里拣出金子。

“金子！金子！”就好像有人大喊“着火了！着火了！”一样。成千上万的人放下手中的农具，关了店铺，在他们的大篷车（可以在里面睡觉休息）里装上被褥和干粮，带上枪，朝着遥远的西部地区进发，纷纷加入淘金的潮流。那时美国的西部地区是广袤的荒芜之地，没有道路和桥梁，也没有道路指示牌。人们只能凭感觉找路，有的人在路上得病死了；有的人被印第安人杀了；也有的人渡河时淹死了；也有的人迷失方向，找不到出去的路，最后渴死或者饿死了。当然，也有不少人历尽千辛万苦终于来到了传说中的加利福尼亚，通过淘金发家致富。

从那时起，人们开始在全国范围内建造公路和铁路，以前的荒芜之地开始变成城市和村庄。美国的白人占用印第安人的土地时，会给印第安人一些另外的土地作为补偿，这样的土地是专门给印第安人的，称作“保留地”。就像我们平时看电影，电影院里也会有

专门为观众准备的“保留座位”一样。

美国第一条通往太平洋西海岸的铁路从芝加哥出发，经过美国中部，抵达旧金山。现在从芝加哥出发，无论向南、向北还是沿中间前进，都能到达太平洋沿岸。“49淘金者”驾着大篷车，历经数月艰辛，才能到达的太平洋沿岸，现在坐飞机一天之内就能到达。

以前人们常说：“年轻人，想发财的话，就去西部吧！”当时确实有很多人去了西部，当然不是去淘金，而是去找田地。当时美国政府规定，只要有人愿意在西部种玉米，就可以免费获得那里的土地。有人去了密西西比河西岸的俄克拉何马州、得克萨斯州和其他地方，后来发现农田里不断渗出石油，根本无法种植庄稼。石油破坏了农田的土壤，还影响了水质，马啊、牛啊，都没水喝，于是他们就放弃了那里的田地，搬到了其他地方。

世界上一共有三种油——植物油、动物油和矿物油。你有没有玩过一种叫“动物、植物和矿物”的游戏呢？那是个很好玩的游戏。游戏里有一位“老人”，负责发号施令。“老人”喊“植物”，你就必须在他数到10之前说出一种植物，任何植物都可以，比如“土豆”“番茄”“黄瓜”，等等。他一喊“动物”或“矿物”，你就必须在他数到10之前说出一种动物或矿物的名字。这个游戏里所讲的“矿物”指的是除植物和动物之外的东西。如果他数到10之前你说不出来的话，就要受罚啦！可以教你一个聪明的小把戏哦，无论听到“植物”“动物”还是“矿物”，你说“油”肯定没错的，刚才我们说过，世界上有植物油、动物油和矿物油三种油。

橄榄油等植物油和鱼肝油等动物油都是很好的食品，但岩石里流出来的矿物油就不能吃了。后来有人发现，这种矿物油可以燃烧，发光发热。于是人们发明了汽车，从矿物油中提取出汽油，汽车有了汽油就可以开动了。现在矿物油还能制成各种各样其他的产品，如药物、颜料和香水等。

以前放弃那些田地的人突然意识到，那些矿物油有着巨大的价值，可以让他们发大财，比种庄稼、养动物赚的钱要多很多。人们就挖了一些油井，开始开采矿物油。有些没有油井矿物油就自然喷涌出来的地方，被我们叫作“自喷井”。

我们把这种从岩石中喷涌出来的矿物油叫石油，顾名思义，就是“石头中的油”。有些石油公司被戏称为“皮特”，这是很不错的名字，因为“皮特”的意思就是“岩石”①。

如果你沿着中部的铁路线出发，横穿“玉米州”艾奥瓦州，穿过无边无际的玉米田，接着穿过内布拉斯加州，慢慢地，地势会越来越高，最后你就会到达科罗拉多州。科罗拉多州是以西班牙语“科罗拉多”命名的，意思是“红色”。科罗拉多州位于美国最高峰落基山脉的山脚下，它的州府为丹佛，丹佛离芝加哥的距离和离太平洋的差不多。

如果你的心肺功能很强，你就可以从离丹佛不远的地方登上落基山脉的顶峰。第一个尝试攀登顶峰的人叫派克，虽然他中途放弃了，

① 英语中石油公司是 petroleum company，简称为 pete，而 pete 是“peter”（皮特）的昵称。“peter”在希腊语中有岩石的意思。

但人们还是把他登过的那个山峰命名为“派克峰”。上学的时候，我们经常说绕口令“说派克，说派克，说派克”，一遍又一遍，能说多快就说多快，但不要说成“派克峰”[①]，这个绕口令太难了，我们做不到——你也做不到。派克在登山的时候装备很简陋，最终没能登上顶峰，而现在每年都有成千上万人登上山顶，甚至还有人比赛谁能更快攀登上顶峰呢。派克峰巍峨高耸，山顶一年四季白雪皑皑。地势越高，空气就越稀薄，人们越往上攀登，呼吸就越困难。所以我刚才说，要攀登顶峰就必须有很强的心肺功能。很多人在山顶上根本站不稳，只能坐下来，他们呼吸非常急促，就像刚跑完长跑一样，也像离开水的鱼那样拼命张嘴呼吸。人们心跳加速，能清楚地听到自己的心跳声，有人甚至会晕过去。现在有公路和铁路通往山顶，你可以选择坐车登上派克峰。上山的铁路非常陡峭，如果使用一般的铁轨，火车肯定会像雪橇一样滑下来。于是人们在两条铁轨中间铺设了一条特别的齿轨，火车的车轮带有齿轮，行驶的时候齿轮一个个卡着齿轨走，这样火车就不会滑下去了。

---

① 这个绕口令是最快速地说出 Speak Pike, Speak Pike, Speak Pike（说派克，说派克，说派克），但是因为连续快速地说出，就会说成 Speak Pike Speak Pike Speak Pike，这样其中 Pike Speak 听起来就像 Pike’ s peak（派克峰）了。

第 13 章
仙　境

《爱丽丝梦游仙境》是个童话故事，那里面讲到了仙境。美国西部还真有一个“仙境”呢！那个仙境里有一条奇异的河，就是我们平时常说起的科罗拉多河。科罗拉多河并不在科罗拉多州，而是在亚利桑那州。

科罗拉多河流过的河谷是世界上最深的，它最深的地方有 1.6 千米深。美国的西班牙裔居民把这条河谷叫作峡谷。如果你站在科罗拉多大峡谷的一边往下看，1.6 千米下的科罗拉多河看上去就像一条细线。你知道吗？科罗拉多大峡谷是科罗拉多河一点点慢慢冲刷出来的。站在这里你可以看到地面以下 1.6 千米深度的横切面究竟是怎样的。科罗拉多河为我们向地下开掘了 1.6 千米深。去那里玩的时候，我曾经问过导游，大峡谷两边有多远的距离。“哦，”导游告诉我，“大概 10 到 12 次喊叫声那么远。”这是我从来没有听说过的距离，因为我不知道一次的喊叫声能传多远。我的算术课本上说 1 米等于 10 分米，等于 100 厘米，但是没有告诉我一次的“喊叫声”能传送到多

少米远。站在峡谷的一边，可以看到另一边高达1.6千米左右的岩壁。岩壁不像普通的灰色墙壁，它是由岩石一层层堆积起来的，岩石有各种各样的颜色，比如黄色、红色、绿色、橙色和紫色。在阳光的照耀下，绚烂的颜色异常美丽。所有岩石都是石灰岩或砂岩，以前它们都是在海底的。由于岩石中含有铜、铁等矿物质，每一层岩石都有不同的颜色。如果岩石中含有铁，在水的作用下，岩石就会变成铁锈的颜色；如果岩石中含有铜，就会变成绿色。

去那里玩的时候我买过一支旅游纪念铅笔，铅笔的顶部有一个针眼大小的孔，用一只眼睛往里面看，可以看到整个科罗拉多大峡谷。很神奇吧？就像万花筒一样，透过一个小孔就能看到那么壮观的大峡谷景象！

科罗拉多河的支流在一些较小的峡谷中流淌，峡谷的岩壁上还开凿了洞穴呢！很久以前，被我们称作“悬崖居民”的人们为了躲避敌人，就住在这些岩洞的房屋中。

科罗拉多大峡谷的北面是犹他州。犹他州有一个大湖，这个湖与前面我们讲过的“五大湖”不同。五大湖的水是淡水，这个湖里的水是咸水，所以人们把它叫作“大盐湖”。其实，这是一个小小的海洋，因为大盐湖和海洋一样，只有流入的河流，没有流出的河流。

为什么大盐湖是咸的呢？

其实和海水为什么是咸的原因相同。

那么，海洋的水为什么是咸的呢？

那是因为汇入海洋的河流流经的地面含有盐分。当然，如果你尝过泥土的味道就会知道。但是我想你没有尝过，除非你不小心摔倒时，嘴里吃进了泥巴或者嘴唇上沾了土。河水流过地面时，带走了一些盐分，最终汇入海洋。每条河流带走的盐分很少，所以你尝河水的时候根本感觉不到咸味。但日复一日、年复一年，众多河流将盐分一点点带到海洋中，海洋和大盐湖的盐分就积累起来了，因为盐分一旦进入海洋和大盐湖，就没有办法再出去了。海水和湖水通过蒸发进入空气中，盐分却无法蒸发，所以海水才会越来越咸。

大盐湖中的水也是这样变得越来越咸，甚至比海水还咸。因为咸水比淡水的浮力更大，所以很多东西都能在水面上浮起来，水越咸，浮力就越大。无论你会不会游泳，在大盐湖里都不会溺水。你可以站在水里，也可以坐在水里，甚至还可以把大盐湖当作沙发，舒服地躺在水里。当然要小心哦，不能让咸水进到嘴里，身上也不能有伤口，不然伤口碰到咸水会很疼的。海洋正在慢慢地越变越咸，如果有一天海水变得和大盐湖的水一样咸了，那么发生沉船事故时就不会有人遇难了，人们可以像软木塞一样浮在海面上。

大峡谷再往北是怀俄明州，怀俄明州有块地方，在地图上看起来就像“州中之州”，那就是黄石公园。怀俄明州的这块地方有许多神

奇的东西——有的奇形怪状，有的滑稽可笑，还有的可爱漂亮。美国政府觉得人们肯定会喜欢观赏这些东西，于是就在怀俄明州的西北角上建造了这个公园。当地有舒适的酒店，交通便利，方便人们去公园游玩。公园内禁止捕猎，园内的野生动物和鸟类可以自由地繁衍生息。黄石公园里还有熊呢！由于禁止捕猎，动物不会担惊受怕，这些熊都很温顺，游客甚至可以靠近它们拍照。

地球的这一角上，它的地表还没有完全冷却下来。如果在其他地方喝泉水，肯定能喝到清凉可口的泉水，而黄石公园的泉水很有可能会烫伤你的喉咙。因为黄石公园地底下有许多高温熔岩，它会把地下水加热至沸腾，所以地面的泉水都是热的。黄石公园里有上百眼这样的泉呢。

黄石公园中有一个大湖叫黄石湖，你可以在湖边钓鱼，钓上后先不要把鱼从钩上摘下来，直接甩进旁边滚烫的泉水中，就能把鱼煮熟了。由于地下蒸汽的作用，部分泉水每隔一段时间就会喷出来一次，这样的泉水叫作“间歇泉”。有的间歇泉非常壮观，有的非常漂亮。其中一个著名的间歇泉叫“老实泉”，“老实泉”每隔一小时左右喷射一次，仿佛一个巨大的水龙头往空中喷射漂亮的水花。从人们知道这个间歇泉开始，它每次喷射的时间间隔都是一样的，不早也不迟，无论白天黑夜，都是那么准时，没有人能做到像它那样守时，所以人们才把这个间歇泉称作“老实泉”。

第 14 章
拥有众多“之最”的西部

有个地方有许多最好、最大、最高、最漂亮的东西，如最美味的橘子，最大的李子，最好吃的葡萄，最高大的树木，最巍峨的山峰，还有最宜人的气候。你猜猜那是什么地方呢？有那么多好东西，难道是传说中的天堂吗？不是。那是拥有众多“之最”的美国西部。

加利福尼亚州是根据一个古老童话故事中的小岛而命名的，那真是一片神奇的土地。人们在加利福尼亚州的河里发现了金子。很神奇吧？可那确实是真的。对于生活在东部的人们来说，很多关于加利福尼亚州的故事现在听起来还带有传奇色彩。你相信吗？加利福尼亚州有直冲云霄的参天大树，人们在它粗壮的树干上开凿隧道，汽车就可以从隧道中通过，有些树木非常古老，它们在耶稣诞生前就有了。加利福尼亚确实有这样的树，就是我们所说的大红杉。这些古老的树木见证了地球曾经发生过的变化，如果这些树能开口讲话，告诉我们在它们身上发生的真实故事，那一定比童话故事更有趣！

让我们一起数一数加利福尼亚州究竟有多少“之最”吧！

加利福尼亚州是美国长度“最”长的州。如果你能拿起整个加利福尼亚州，放到大西洋沿岸，那么整个州能从佛罗里达州一直延伸到纽约。这是第一个“之最”。

加利福尼亚州有美国本土48州“最”高的山峰惠特尼山。这是第二个“之最”。

加利福尼亚州有美国海拔“最”低的地区。那是一个山谷，比海平面低60多米。谷底干燥炎热，除了有角蟾蜍和有角蜥蜴，没有任何其他的动植物。有角蟾蜍和有角蜥蜴都喜欢生活在炎热的环境中，环境越热，越有利于它们的生长。有人说，有角蟾蜍和有角蜥蜴还能在火里生长。当然，这只有在童话故事中才会发生。这个山谷叫“死亡谷”。大部分人都不愿意靠近死亡谷，有少数人曾去谷中找过金子，后来迷了路，永远都出不来了。还有人尝试穿越死亡谷，但在出来之前就因为高温缺水或热死或渴死了。正因如此，人们才把这个山谷叫“死亡谷”。这是第三个“之最”了。

除死亡谷外，加利福尼亚州还有一个最漂亮的山谷。这个山谷有个非常好听的名字叫“优山美地谷”[①]。优山美地谷非常幽深，从高处落下许多好看的瀑布。其中一个瀑布落地之前会全部蒸发为水雾，看上去就像新娘的面纱，人们就把这个瀑布叫“新娘面纱瀑布”。优山美地谷有六处瀑布比尼亚加拉瀑布都高，其中有两处瀑布高达400米，是美国最高的瀑布。优山美地谷是“最”美的山谷，有美国“最”高的瀑布。又有两个“之最”啦！

① 即约塞米蒂国家公园。

除了这些“之最”，加利福尼亚州还有“最”甜的橘子、“最”酸的柠檬和“最”大的葡萄。其实这些水果的原产地不是加利福尼亚，白人来美国定居前美国根本没有这几种水果。第一批到美国的白人来自大西洋彼岸的西班牙，西班牙盛产橘子和柠檬。这些西班牙人从自己的国家将橘子和柠檬的植株带到了美国，开始在加利福尼亚州和佛罗里达州种植这两种水果。

西班牙人在美国定居后，建造的房屋和西班牙国内的风格相似，灰色的墙壁，红瓦顶，房屋后面有院子。他们还给许多城市起了西班牙名字，比如“洛杉矶”，这个名字在西班牙语中意思是“天使之城”。

还有许多城市是用圣人的名字命名的，如圣弗朗西斯科（旧金山）是根据圣弗朗西斯科命名的，圣芭芭拉城是根据圣芭芭拉命名的。因为当时来美国的西班牙人大部分都是牧师，他们在美国建造了很多教堂，进行传教活动。

“天使之城”现在是太平洋沿岸最大的城市，附近有全世界“最”著名的影视基地——好莱坞。我们都知道一年有365天，但人们说在好莱坞（洛杉矶的一个区）太阳一年会照耀400天。不管怎么说，那里气候宜人，光照充足，最适于拍摄。而且好莱坞以及附近地区还有各种各样漂亮的自然风光，拍摄影视作品时可以就地取景，非常方便。要拍摄航海镜头或沉船场景，旁边就是大海。要拍摄沙漠、骆驼、阿拉伯人，不远处就有沙滩、戈壁。要拍摄热带风景，当地就有棕榈树和漂亮的热带花卉。要拍摄冬日景象，附近的山顶上一年四季都覆盖着积雪。

旧金山位于洛杉矶北面，面积与洛杉矶相当。本来旧金山比洛杉矶大，但1906年发生了一次非常严重的地震，虽然地震只持续了几分钟，但是就在那短短几分钟的城市摇晃中，地面断裂，楼房就好像小孩子搭起的积木房子一样纷纷倒塌，成千上万的人在地震中丧生。更糟的是，地震还打翻了火炉和油灯，引发了最大的火灾，大火烧掉了整个城市，城市在大火中几乎夷为废墟。人们失掉信心了吗？没有。他们利用保险公司的赔款，重新建起了整个城市。

旧金山拥有世界上“最”好的港口。该港口位于长达80公里的海湾边，从太平洋过来的船只通过一个叫“金门”的海峡可以进入海港。

旧金山整个城市都建造在较为陡峭的山坡上，所以在当地驾驶汽车比较困难。不过，建造在山坡上的房屋地理位置非常优越，能看到海湾、金门和辽阔的大海。金门大桥也是悬索桥，比前面提到过的布鲁克林桥更长，更宏伟。

旧金山有许多开往位于太平洋西海岸和太平洋东海岸国家的船只进出。太平洋对岸是中国和日本。以前很多来到美国的中国人都是在旧金山上岸，所以在那里有个“中国城”，就是我们常听外国人说起的“唐人街”。中国城中有许多极具中国风格的房屋、商店和剧院。很多日本人也远离故土来到美国，在美国定居后购买农场，种植水果和蔬菜。

第 15 章 拥有众多“之最”的西部（续）

让你猜个谜语。什么东西没有脚，却可以跳得和华盛顿纪念碑一样高？先好好想一想，我一会儿就告诉你答案。

俄勒冈州和华盛顿州之间有一条河叫哥伦比亚河，是用哥伦布的名字命名的。哥伦比亚河中有一种很大的鱼，叫鲑鱼。鲑鱼生活在海洋的咸水里，鲑鱼妈妈产卵之前会越过瀑布，来到哥伦比亚河的淡水中，找一个安静的地方产卵。那鲑鱼妈妈是怎么越过瀑布的呢？它是跳上去的。你可能会问：“鲑鱼没有脚，怎么可能跳上去呢？”鲑鱼把尾巴弯成像弹簧一样，然后“砰”的一声，向上跳起，就可以跳得和华盛顿纪念碑一样高。

“那里的瀑布有华盛顿纪念碑那么高吗？”

“没有，那里的瀑布都很低的。”

“那你为什么说鲑鱼能跳得和华盛顿纪念碑一样高呢？”

“傻孩子，鲑鱼肯定能，因为华盛顿纪念碑根本跳不起来啊。”

成千上万的鲑鱼每年都会成群洄游到哥伦比亚河中，渔民用渔网捕捉鲑鱼，但他们只会打捞其中很小的一部分，其余的都会放回河中。这样鲑鱼妈妈就能产卵，孵出更多小鲑鱼。小鲑鱼从河中游回海洋。等它们在海洋里长大了，它们也会像鲑鱼妈妈一样，游回到河里，跃上瀑布去产卵。鲑鱼肉是粉红色的，就是我们平时说的鲑肉色。鲑鱼可以制成罐头，如果你吃过鲑鱼肉，那么你吃过的很可能就是哥伦比亚河产的鲑鱼肉。

世界上最古老的水果就是苹果，伊甸园中夏娃给亚当吃的就是苹果，可见人类诞生之前就有苹果了。许多人都认为，与夏娃给亚当吃的苹果相比，华盛顿州出产的苹果要好吃得多。华盛顿州出产的苹果

比普通的苹果更加可口，它被运往全国各地销售（运程达5000公里），深受人们喜爱。这些苹果是“顶呱呱”的，西北部的印第安人用“顶呱呱”来形容所有好东西，不管是女孩子还是苹果，都用这个词来形容。

华盛顿州和俄勒冈州都有大片的森林，树木砍伐后可以建造房屋，还可以造纸。我写这本书的纸就是用俄勒冈州的树做的。你可能会问：你怎么知道这些纸是用俄勒冈州的树做的呢？因为我把纸对着阳光，就可以看到纸张上有“俄勒冈”字样的水印。

美国最北部的州是阿拉斯加州，阿拉斯加州拥有北美最高峰麦金利山。阿拉斯加州非常寒冷，去一次得花上好长时间。这个州本来不属于美国，而是美国政府花了几百万美元购买的。买它不是因为那里的山高，而是因为当地盛产鱼类和动物的皮毛，后来还发现了金子。

金子仿佛是个具有魔力的东西。阿拉斯加州发现金子的时候，就像“淘金热”时一样，成千上万的人丢下工作，拿着铁锹和筛子前往遥远的阿拉斯加州去淘金，希望能在新的一年到来之前发一笔大财。有些愚蠢的人做事非常鲁莽，临走的时候除了铁锹其他什么都没带，可到了阿拉斯加州之后没有任何东西能够维持他们的生存。他们事先居然没想到，淘金的地方没有食物，也没有卖东西的商店。另一些人则聪明得多，他们走的时候随身携带罐头食品。那些愚蠢的人挖出金子后，只能用金子来交换聪明人手中的食物。那些聪明人把自己的食物抬高上百倍的价格卖给那些淘金者，根本不用自己动手挖金子，就能带着金子回家，而那些愚蠢的人没有饿死就算很幸运了。

阿拉斯加州盛产鱼类的地方居住着印第安人。印第安人都住在小村庄，他们会在村子中央竖起一根长长的柱子，柱子上会被画上或刻上鸟类或其他动物的图案，这些动物的脸都大大的、丑丑的。这样的柱子叫“图腾柱”。每个部落或家族都有自己的吉祥物，如鹰或熊等，就像你可能会把自己建造的小俱乐部叫“雄狮俱乐部”或“雄鹰俱乐部”一样，而图腾柱是部落的象征。

如果幸运，你在阿拉斯加州可以看到北方夜空出现的美丽光束，色彩斑斓的光束像火焰一般从地面直冲夜空，异常美丽和壮观。我很小的时候第一次看到这样的景象，感觉整个世界都燃起了熊熊大火，就要爆炸了，会让人以为是世界末日到来了呢。后来才知道那叫“北极光”。北极光在阿拉斯加州经常出现，而住在较为南部地区的人们很可能一辈子只能看到一两次。如果你从来没看过或听说过北极光，第一次看到很可能会害怕，不过北极光就像天空中美丽的落日和彩虹一样，对人类没有任何伤害。

北极光是怎么来的呢？这个问题至今还无法解答。许多科学家对北极光进行了研究，但仍然没有找到答案，只知道北极光与电和太阳黑子有关。你听说过太阳黑子吗？有时候太阳上会出现一个个黑点，沿着太阳表面慢慢移动，这就是太阳黑子。太阳非常刺眼，不可能直接用肉眼看到太阳黑子，只有通过特殊的望远镜才能看到。太阳黑子研究人员的望远镜镜头使用暗色的镜片，能保护眼睛，此外它还装有特殊的照相机，能拍下太阳黑子的活动。研究人员发现，每当出现太阳黑子时，就会出现格外明亮的北极光，因此他们认为北极光可能与太阳黑子有关。

关于北极光我就知道这么多了。有个小女孩曾经问我：“人的想法是由什么构成的？”关于北极光的起因，就和小女孩提的这个问题一样，很难给出明确的回答。

第 16 章
加拿大与因纽特人

有句俗语说得好，“篱笆筑得牢，邻居处得好”。其实是否真的能与邻居和睦相处，还得看邻居是怎样的人。美国北部的邻国是加拿大，加拿大国土面积比美国大。美国与加拿大之间的边界线很长，从大西洋沿岸一直延伸到太平洋沿岸。如果像两户人家一样，两国之间也建一个篱笆，就得建一个 5000 千米长的篱笆。当然，两国之间不可能有篱笆，只有一条虚构的国界线。国界线不是画在地面上的，而是画在地图上的。两国会在交界处立一块石头，上面写着“加拿大和美国一致同意永不交战”。当然这只是一个“君子协定”，这样的石头叫“和平石”。

男孩子之间争抢东西时，常常会说“谁先找到就归谁”。加拿大最初是法国人发现的，但英国觉得那块土地理应属于自己，就和法国发生了战争，从法国手中抢走了加拿大。那是很久以前的事了，现在仍然有许多法国人生活在加拿大，在加拿大魁北克市，说法语的人远远多于说英语的人。

我曾经有一条纽芬兰犬。它体型很大，毛厚厚的，一顿能吃很多东西。纽芬兰犬来自加拿大大西洋沿岸的纽芬兰岛[①]。纽芬兰岛最初是由一个英国人发现的，也是他为这个岛命名的，但它现在是加拿大的一部分。

纽芬兰沿海有一片很浅的海域，叫“大浅滩”，是捕鱼的理想场所，人们在那里能捕捞到很多鱼。成千上万的小船在大浅滩附近往返穿梭，每次出海都会捕到很多鱼，多得直到小船装不下为止。大浅滩附近经常浓雾弥漫，很难看清前方的路，有时从大西洋对岸驶来的大型远洋轮船看不到海面上的小船，一不小心就会撞上，整个小船就会连人带船沉入海底。

加拿大国土辽阔，人口稀少。整个国家的人口连纽约州人口数的两倍都不到。加拿大北部冬季非常寒冷，多数人都居住在靠近美国的南部地区。这些地区的加拿大人生活习惯和这一边的美国人很相近，种植的农作物也都大致相同。加拿大和美国一样，都是世界上主要的小麦生产国。

加拿大有一个大型铁路公司叫加拿大太平洋铁路公司。加拿大的铁路横穿整个国家，从大西洋一直延伸到西部沿海的温哥华。铁路的尽头仍然有发达的交通，太平洋和大西洋都有它的大型货轮。铁路沿线的所有酒店都是加拿大太平洋铁路公司的。有一段铁路沿线的风景十分美丽——秀美的高山和湖泊让你目不暇接，其中就有路易斯湖和落基山脉，那里风景优美，成为许多人的度假胜地，还有很多新婚夫

① 纽芬兰岛的英文是Newfoundland，英文意思是“新发现的地方”。

妇会去那里度蜜月。

可能不会有多少女孩喜欢接近狐狸或狼这样的野生动物，可她们对这些动物的皮毛却非常喜欢，不惜高价购买。加拿大有一个和墨西哥湾差不多大的海湾，叫“哈得孙湾”，是以发现该海湾的人的名字命名的。哈得孙河也是这个人发现的，然而，哈得孙湾与哈得孙河没有任何联系。冬季哈得孙湾全部被冰封住了，整个地区非常寒冷，除了少数捕猎野生动物的人，此地没有其他人居住。生活在当地的野生动物，冬天不能像我们一样买大衣保暖，只能靠身上厚厚的皮毛过冬，皮毛就是最好的保暖大衣。猎人捕杀野狼、狐狸以及其他动物，把它们的皮剥下来。动物皮毛被做成皮草后，卖给那些付得起高价的女士。这些捕猎动物出售动物皮毛的猎人都来自经营皮草贸易的哈得孙湾公司。

我们都知道美国有不同的州，但加拿大只有不同的省。加拿大国内共有 10 个省份，最重要的省是安大略省，是根据安大略湖命名的。除密歇根湖外，安大略省与五大湖中的其他湖泊都相邻。加拿大的首都就位于安大略省内，叫渥太华。英国派人渡过大洋来到加拿大任总督，但法律则是由加拿大人民选派的代表来渥太华制定。

在加拿大，越往北走，天气就越寒冷。由于最北端的地区气候过于寒冷，多种树木都无法生长，只有松树、云杉等可以生长，而且全年不落叶。我们把这样的树叫作“常青树”，常青树的木材质地柔软，一般用来造纸。橡树、枫树等树木无法在寒冷的气候中生长，到了秋季会落叶，木材质地坚硬，一般被用来做家具。

书籍和报纸所使用的纸张都是用木材制造的。制造一个城市一天发行的报纸所需要的纸张，就得用去几英亩的树林。仅仅是制造一天发行报纸所用的纸张，就需要一个街区那么大的一片树林。美国报纸所用的纸都来自加拿大，你可以想象为了保证美国所有报纸的顺利发行，加拿大的树木正在以多快的速度减少。当地人每天砍伐很多树木，先做成木浆，然后做成纸，大量运到美国，这样我们每天才能看到各种各样的报纸。就像我们吃小麦、动物吃玉米一样，印刷机每天都要“吃”掉很多树木，就这样日复一日，年复一年，从不停止。

我记得自己第一堂地理课就学到了关于因纽特人的知识。因纽特人住在冰天雪地的地区，他们的房屋是用冰雪建造的。他们通过在冰层上凿洞来捕鱼。加拿大东北角的拉布拉多地区就生活着因纽特人。因纽特人与印第安人有一定的亲属关系，而这两个人种与中国人又有一定的亲缘关系，待我后面再告诉你更多这方面的内容。

第 17 章
战神墨西卡利

一天早上，汤米·丁克坐在饭桌前吃黄油面包。他沿着面包的边儿小心地一小口一小口地咬着，每咬一口便若有所思地看看面包。

“你在干什么？”爸爸问。

“我要把面包咬成美国地图的形状，”汤米说着把面包小心地放到了桌布上，“你看，这个角是阿拉斯加，这一个是拉布拉多，那个角是佛罗里达，对面是尤卡坦，”汤米把一小块面包搓成细条，放在另一个角，“看，这就是下加利福尼亚。”

“你拿面包玩，本来不应该让你吃饭的，”爸爸说，“不过，你能告诉我加利福尼亚湾在哪里吗？”

“不在加利福尼亚州，”汤米机灵地说，“这一回你考不住我。加利福尼亚湾和下加利福尼亚都在墨西哥。”

“答对了，”爸爸说，“小时候的一次课上，老师问我加利福尼亚湾和下加利福尼亚在哪里。我课前没有好好预习，想当然地认为这两个地方都在加利福尼亚州，于是我回答说，‘当然是在加利福尼亚州了’。”

“你老师教过你这个吗？”汤米弯曲左手的拇指和另外四根手指，做成大写字母“G”的形状，“看，G代表墨西哥湾，食指就是佛罗里达州，拇指是尤卡坦，旁边就是墨西哥了。”

“我上学的时候，老师没有用这种方法教过我。”爸爸说。

“老师才不知道这种方法呢，”汤米得意扬扬地说，“是我自己想出来的。”

你也许听说过“神的国度”，美国南部的邻国就是“神的国度”，准确地说，是“战神的国度”。墨西哥是根据印第安人信奉的战神“墨西卡利”命名的。

当你穿越边境从美国进入加拿大时，根本不会觉得自己到了另一个国家。加拿大人和美国人一样都是白种人，说的是同一种语言。而当你穿越边境从美国进入墨西哥时，就能明显地感觉到自己到了另一个国家。墨西哥人与美国人是不同的种族，说着不同的语言。墨西哥曾经被大西洋对岸的西班牙统治过一段时间，不过现在已经独立了。

前面我们说过，美国和加拿大边境有一块“和平石”，上面写着“加拿大和美国一致同意永不交战”。美国与墨西哥边境却没有这样的“和平石”，两国历史上发生过多次战争。我们现在的得克萨斯州、新墨西哥州和亚利桑那州以前都是墨西哥的领土，后来经过战争才归美国所有。得克萨斯州和墨西哥之间有一条河，叫“格兰德河”，意思是“壮丽的河流”。墨西哥气候十分干燥，一年中有部分时节格兰德河几乎是干涸的，每当这个时候，人们就能徒步从美国走过格兰德河到达墨西哥。

白人第一次到美国时，当地居住着很多印第安人。后来，白人把印第安人赶到了一些偏远的角落，现在美国国内的印第安人已经很少了，人们只能在马戏团或是5美分的硬币上才能看到印第安人。白人初到墨西哥时，当地也居住着很多印第安人，现在墨西哥国内的印第安人比白人多。许多西班牙裔白人与印第安人结了婚，所以，现在的墨西哥人中，有一些西班牙人，但没有印第安人多，更多的反而是西班牙人与印第安人结合后所生的混血儿。

最初来到美国的白人多数为英国人，因此现在美国人说英语，很多生活习惯与英国人相同；而最初到墨西哥的白人是西班牙人，因此现在墨西哥人说西班牙语，很多生活习惯与西班牙人相同。

西班牙人刚到墨西哥时，发现当地的印第安人都戴着银项链、银手镯以及其他银饰，就猜想墨西哥肯定有很多银子。他们本来是去墨西哥找金子的，能发现银子也不错。于是，他们就开始开采银矿，而且对银矿的开采一直持续到现在。西班牙人来到墨西哥四百多年后，墨西哥的白银产量仅次于美国。银矿位于山中，就是我们前面说的落基山脉，墨西哥人将这条山脉叫“马德雷山脉”。

马德雷山上有一个碗状的山谷，墨西哥首都墨西哥城就坐落在这个山谷。我们都知道，通常越往北走就越冷，越往南就越热，但也并不总是这样。你要是往高处走，就总是会越走越冷；墨西哥城位于南端，你一定以为那里会很热，但它并不热，因为它在半山腰。墨西哥城的气候一年四季都很温和。

墨西哥城附近有一座古老的火山。这座火山的名字有点奇怪，叫“波波卡特佩特火山”。很难记住吧？为什么人们不起个简单一点的名字呢？其实这个名字是印第安语，在印第安语中意思确实非常简单，就是“冒烟的山”。波波卡特佩特火山位于非常靠近南部的地区，你肯定会认为这里很暖和吧？那就错了，波波卡特佩特火山很高，山顶非常寒冷，一年四季白雪皑皑。这座火山是一座休眠火山①，不会喷发，但火山口会一直冒出含硫的浓烟，硫黄不断堆积在火山口。印第安人会登上波波卡特佩特火山，进入火山口收集硫黄，硫黄可以用于制造火柴、药物和其他东西。

墨西哥湾附近炎热潮湿，不利于身体健康，所以很少有人在那里居住，但那里的地底下有丰富的石油资源。墨西哥湾附近有个城市，叫“坦皮科”，当地人全年开采石油。那里离海很近，人们通常用油船将石油运送到美国和世界各地的其他国家。用油船运送石油比火车便宜得多，一艘油船装运的石油相当于1000节油槽列车皮。

墨西哥有一块地区像伸出的拇指，就是本章开头小汤米说的那个地方，叫尤卡坦。尤卡坦生长着一种植物叫剑麻，叶子形似长剑，它里面有一种纤维，看上去很像灰色的头发。这种纤维可以用来做麻绳。当地还有一种植物的汁水可以做口香糖。

① 1994年底，波波卡特佩特火山结束休眠状态，开始进入活动期。波波卡特佩特火山每年都要在12月准时喷发，而且越来越活跃。该火山第一次喷发据称在大约23000年以前。1997年6月30日，该火山发生较大喷发。

第 18 章
近在咫尺，远在天涯

从我墙上挂着的南北美洲的地图上，可以看到大大的“北美洲”和“南美洲”这两个名字。“北美”（N–A–M–E–R–I–C–A）和“南美”（S–A–M–E–R–I–C–A）听起来就像是两个兄弟的名字，纳姆·埃里克和山姆·埃里克。上帝创造这“兄弟俩”时，让它们贴得很近，中间有一块小小的土地——中美洲——把它们俩连接起来。中美洲有一个狭长的地方叫“巴拿马地峡”，这个地方非常小，地图上看起来它就像树叶的叶柄。

巴拿马地峡左边是太平洋，右边是大西洋。两大洋之间就隔了一个巴拿马地峡，它们距离很近，可以说是“近在咫尺”，但对于两大洋上的船只来说，却是“远在天涯”。由于中间隔着巴拿马地峡，两边的船只无法通行，只能绕行上万公里，绕过南美洲的最南端。北美洲的最北端冰雪覆盖，无法通行。这对于航海的船只来说非常不方便，就像你开着摩托车，来到一条河边，河上没有桥，河边立着一块牌子，上面写着“此路不通，请绕行 16000 公里”。没有人愿意碰到这样的情况，所以人们就会想办法走近路。有人建议将船只运过巴拿马地峡："我们可以用巨大的起重机，从一边将船只吊起来，放到巨大的卡车上，运到另一边。然后再用巨大的起重机将船只放到海里。"这样的工程非常艰巨，远不如开凿一条运河来得方便。那样船只就能直接从一个大洋开到另一个大洋。开凿运河在地图上看起来非常简单，似乎只要用剪刀剪一剪或用小刀割一割就行了。不过，巴拿马地峡虽然狭小，距离却很长，它有50公里，而且还有不少山脉，开凿运河非常困难。

中美洲经常发生地震，当时有人就想，如果一次地震能把巴拿马地峡震裂，把南北美洲断开就好了，这样就不用人工开凿运河了。但地震只会带来灾难，从来不会给人们带来好处。

你可能会问：为什么船只要从一个大洋到另一个大洋呢？为什么不能只在一个大洋上航行呢？你想一想，平时你的妈妈肯定会去市中心购物吧，要买吃的、穿的和用的，有时还需要买家具和电器。船只也一样，要在世界各地购买所需的货物。有的船只从大西洋沿岸的国家出发，开到太平洋沿岸的国家，购买茶叶、陶瓷碗碟和丝绸制品。有的船只从太平洋沿岸的国家出发，开到大西洋沿岸的国家，购买本国没有的东西，所以它们必须在不同的大洋之间穿行。仅仅因为隔着一条狭长的地峡就要远途绕行16000公里，这显然非常地不方便。最后位于大洋彼岸的一家法国公司（他们已经成功地开凿过一条很长的运河）决定在巴拿马地峡开凿一条运河。

那时巴拿马地峡非常不适合人们居住，当地的印第安人和黑人居住起来没什么问题，但白人却不能适应那边的生活。去那里的白人，其中三分之一会死于发烧。这家法国公司几年间派了很多工人去开凿运河，死了不少的人，花了不少的钱，工程进展却非常缓慢。最后，这家公司不得不放弃了开凿运河。

后来，美国从巴拿马这个小国永久性租用了一块土地。这块宽 16 公里的土地就像一条带子一样横穿巴拿马地峡，它被称作“运河区”。开凿运河之前，美国人就说：“那里的环境太糟糕，根本不适合白人居住，一定要先改变当地的环境，能适合白人居住才行，否则派再多的人过去都会病死。”于是，美国派了一名非常有名的医生前往运河区，让他想办法弄清楚白人得病的原因，并改善当地的环境。

为什么白人在当地那么容易得病呢？那名医生去了之后才发现，原来罪魁祸首竟然是些小小的蚊子。我们平时被蚊子叮咬之后，只会起一个小包，痒一阵就好了。那里的蚊子却不一样，它有两种不同的蚊子，一种是城市蚊子；一种是乡村蚊子。乡村蚊子能传播疟疾等疾病，但这并不是引起众多白人死亡的原因。白人的死亡是由城市蚊子引起的，这种蚊子能传播一种叫“黄热病”的疾病。患上黄热病的人，皮肤变黄并伴随着发热。“黄热病”也由此而得名。患黄热病的人几乎全部都会死去。为了保护人们的生命安全，那名医生决心消灭蚊子。首先，他追踪这两种蚊子，这是消灭蚊子的第一步，然后找到不同的方法来消灭这两种蚊子。他用出产于波波卡特佩特火山的硫黄来消灭城市蚊子，又用生产于墨西哥的石油消灭了乡村蚊子。消灭蚊子后，他还清理了沼泽地等适合蚊子大量居住和繁殖的地方，彻底根除了蚊子的滋生。以前，运河区是世界上最有害于人身体的地方，而这些方法彻底改变了运河区的生活环境，把运河区变成了世界上最有益于健康的地方。

直到改造完运河区的生活环境后，美国人才前往那里开凿运河。不过，他们并没有像法国人那样，要把陆地直接挖开，让大西洋和太平洋的海水汇流到一起。那样的话，开凿的工作量太大，即使是用炸药，工作量也很大。因为炸药会把土炸开，炸开后的土必须得运走。美国人在地峡高处开凿了一条横贯地峡的渠（运河），将就近的一条河和一个湖里的水引入运河。运河的两端分别安装上了我们前面说过的水闸，他们在一端利用水闸让海里的船只升起来进入运河，在另一端，利用水闸，把船只降下来，送入海中。这样船只便能顺利在大西洋和太平洋之间穿行，运河里的水是淡水，两大洋的海水都不会进入运河。有了这条运河，北美洲和南美洲似乎分开了，但和两块大陆相比，运河非常地小，两块大陆看起来还是连在一起的。或许将来有一天，创造了这“兄弟俩”的造物主自己会将它们分开。

第19章
海盗出没的海洋

一次我坐火车离开巴尔的摩，有人问我去哪里，我说去巴尔的摩。那人疑惑地看着我，大声说道：“你坐错车啦，这是离开巴尔的摩的火车。”

“我知道啊，”我回答，“我坐火车离开巴尔的摩，绕地球一大圈，就会又回到巴尔的摩。我朝西走，也可以到达东方。”

世界的另一端是印度群岛，以前人们去印度群岛，都会向东出发，距离非常遥远。后来，哥伦布认为可以向反方向出发，向西到达印度群岛。当时其他人都认为他这个想法很愚蠢，向西出发怎么可能到达东边的目的地呢？哥伦布认为地球是圆的，无论向东还是向西出发，都可以到达某一目的地。于是，哥伦布乘船出发了，向西一直走，终于到达了一些小岛。他认为这就是印度群岛，就将小岛命名为“西印度群岛”。但我们知道哥伦布要到达印度群岛还有一半的航程呢，即使当时他再走远一点，中间也有中美洲挡着他的路。

这些岛上居民的皮肤都是红色的，脸上涂着油彩，头发上插着羽毛，哥伦布把这些人叫“印第安人”。其他人则把印第安人称作“加勒比人”，“加勒比人”意思是“勇敢的人”。围绕着这些岛屿的蔚蓝大海叫“加勒比海”，意思是“加勒比人的海洋”。

哥伦布当时是在寻找一条新的航线，可以说他是找到了。在他之后，很多人乘船去寻找黄金和银子，他们也都找到了。他们在墨西哥和南美洲都发现了黄金和银子，还从印第安人手上抢走了许多黄金和白银，简直和强盗没什么区别。他们把这些他们找到和抢夺到的黄金和银子装运上船，然后起航返回西班牙。

可是，其中的许多船只根本无法抵达西班牙，海盗——海上的强盗——早就在海上等着抢劫那些“陆地上的强盗”了。与抢劫印第安人相比，对付这些人要困难得多。海盗腰间绑着血红的腰带，脖子上围着血红的围巾，头上包着血红的头巾，看上去十分可怕。他们耳朵上戴着巨大的耳环，手上戴着巨大的手镯，“全副武装”——藏在加勒比海的小岛后面。一旦看到远处有载着金银财宝的船只驶来，他们就在桅杆上升起一面黑旗，旗上有一个骷髅头，骷髅头下方是两根交叉的骨头。海盗船渐渐靠近，劫获驶来的船只，将船只和财宝据为己有，让船员做自己的奴隶。不需要奴隶，就让船员做“走木板”的游戏，“走木板”可不是什么好玩的游戏。海盗会在船沿上放置一块木板，让俘获的船员蒙着眼睛走上木板，很多船员都会从木板上掉入海中溺水而死。海盗把金银财宝全部都放在一个巨大的铁箱子里，锁上锁，运回自己的小岛，埋入土中，同时在地图对应的位置上标一个“X”，以便日后他们寻找，别人也不容易发现。

加勒比海上的海盗很久以前就消失了，现在加勒比海上来往航行的船只不用再害怕碰上凶残的海盗了。现在大部分船只都不会装运金银财宝，即使真有海盗，他们也不会抢这些东西。加勒比海蔚蓝无比，天气温暖宜人，岛屿美丽可爱，有很多人去那里度假，我也去过一次。

我现在还清楚地记得那次度假的情景，当时我从大雪纷飞的纽约出发，两天后到了一个叫“百慕大”的岛上，当地气候温暖、阳光灿烂，和纽约的天气完全不一样。那里的田野生长着麝香百合、土豆和洋葱。当地的农民将这些鲜花和新鲜蔬菜运到纽约，让纽约人在冬季也能享受到夏季的鲜花，吃上新鲜的蔬菜。

我乘坐的船只又往南航行了两天，来到了一个叫“拿骚”的岛屿，拿骚是巴哈马的首都。当地人从海底采摘海绵，然后将其运到美国出售。你相信吗？你平时使用的海绵曾经是活着的，它们生长在海底岩石上，外面有一层像果冻一样的东西裹着，里面才是海绵。人们潜入海底，把海绵从它们生长的岩石上撕下来，用水洗掉外面的那层东西，剩下的就是海绵。

巴哈马群岛的另一座小岛是哥伦布最初登陆的岛屿，也成了世界上最著名的小岛。岛上有一块纪念碑，立碑的地方据说是哥伦布下船的地点。据说当时哥伦布历经艰辛，终于看到了这个岛屿，他对上帝心存感激，从船上下来后，立即双膝跪地，感谢上帝指引他安全到达了“新大陆”。为了感谢上帝，他将这个小岛命名为“神圣的救世主岛”，西班牙语中就是“圣萨尔瓦多”。

西印度群岛有三个大岛——像画“连城”游戏一样，三个岛屿连成一排。加勒比海还有一个小一点的岛和很多很多非常小的岛屿。

西印度群岛中的这三个岛屿彼此相连，其中排在第一个的是整个群岛中最大的，它叫古巴岛。哥伦布刚到古巴时，发现当地人喜欢在嘴上叼着一根细细的东西，他们吸进去烟，接着又把它吐了出来，像喷云吐雾的龙一样。哥伦布一伙人满脑疑问，实在不明白他们在干什么，但当地人似乎都很享受那样做的感觉。后来他们才知道原来那是香烟，是用一种叫烟草的植物做的。现在吸烟已经风行全世界了，很多地区都种植了烟草，但制作雪茄的烟草仍是古巴哈瓦那的最好，哈瓦那雪茄被销往世界各地。

很长一段时间，古巴都是西班牙的殖民地，直到后来才独立。

几乎所有蔬菜和水果的汁水中都含有糖分，只是多少不同而已。有的很多，如荔枝，吃起来甜甜的；有的很少，如柠檬，吃起来酸酸的。有两种蔬菜糖分含量很高，是专为制作糖而种植的，那就是甜菜和甘蔗。你见过甜菜吗？甜菜长得像萝卜一样，甘蔗则长得像玉米秆。人们榨出甘蔗汁，再把它熬制成糖。古巴种植的甘蔗是世界上最多的。

第二个岛是“海地岛”，岛上有两个国家。这两个国家和美国一样，也是由民众选举产生总统、参议员和众议员。岛上居民全是有色人种。

哥伦布就是在海地岛上去世的。多年以后，岛上居民挖出一副骸骨，据说是哥伦布的，并将他的骸骨运回了西班牙，存放在那里的一个大教堂里。但很多人认为那根本不是哥伦布的骸骨，哥伦布的遗体

肯定还埋在海地的某个地方。

第三个岛叫“波多黎各岛”。当地也出产烟草，奇怪的是，也许是土地的原因吧，这里种植的烟草怎么都比不上古巴的好。

这三个岛的南部还有一个小岛，叫“牙买加岛”。当地盛产香蕉，香蕉刚摘下时是绿色的，还没成熟，而运到美国就变黄变熟了。如果你吃生香蕉，可能会肚子疼，但吃点牙买加产的姜就会好，这种姜对治疗胃疼和肚子疼有很好的效果。

烟草、糖、海绵、一年四季新鲜的蔬菜、香蕉、百合，如果海盗劫获的船上只装着这些东西，他们一定会感到非常失望。

第 20 章
南美洲北部

看看地图上南美洲那一块，想象一下，你觉得南美洲的形状像什么呢？我看了一下，我觉得南美洲看起来像一个胡萝卜，像一个芜菁①，像一个漏斗，像一片叶子，像一个无花果，像一个倒置的梨，像一支船桨，像一块羊排，像绵羊的腿，还像甜筒冰激凌。不过，这幅图还是跟南美洲它自己最像，位于南美洲最北端，像一棵植物的茎的是巴拿马，位于最南端像个钩子的是合恩角。

从巴拿马到合恩角，有一座山脉像延绵不断的墙一样横贯整个南美洲，那就是安第斯山脉。安第斯山脉是西半球的最高峰，也是全世界最长的山脉。

南美洲有一个国家距离巴拿马很近，它叫“哥伦比亚”。哥伦比亚是根据发现美洲大陆的哥伦布的名字命名的。“哥伦比亚”和“哥伦布”的读音非常接近，仅是拼写有一些不同②。

---

① 俗称大头菜，是一种根用芥菜。

② 哥伦布的英文拼写是“Columbus”，哥伦比亚的英文拼写是“Colombia”。

当白人第一次踏上南美洲北部沿海时，发现了与哥伦比亚毗邻的一个国家。这个国家的印第安人将房屋建在水中。这让他们想到了大洋彼岸意大利的水城威尼斯，威尼斯的房屋也建造在水里，于是他们就将这个国家叫“委内瑞拉”。西班牙语中，“委内瑞拉”的意思就是“小威尼斯”。委内瑞拉有一个很特别的岛屿，叫“特立尼达岛”，岛上有一个湖泊，湖里一点水都没有。很奇怪吧？其实这个湖盛产柏油，柏油就是“湖水”。人们用船把这里的柏油运到美国修路。

委内瑞拉东面有个很小的邻国，叫“圭亚那”，以前英国、荷兰、法国曾经在这里反复争夺，建立了英属圭亚那、荷兰属圭亚那、法属圭亚那等殖民地（现在圭亚那已经成为英联邦的独立国家）。

在英属圭亚那的荒山野林中有一个瀑布，叫“凯厄图尔瀑布”，这个瀑布的高度几乎是尼亚加拉瀑布的5倍。这个瀑布在极偏远的地区，人们几乎都没有见到过，甚至连听都没听说过。你可以考考你爸爸哦，问他知不知道“凯厄图尔瀑布”。

我们都知道地球有赤道，赤道围绕在地球中央，就像一个胖乎乎的人系着腰带一样。西班牙语中赤道叫“厄瓜多尔”，厄瓜多尔也是南美洲位于赤道附近的一个小国。通常越靠近赤道就越热，那厄瓜多尔是不是非常炎热呢？并非如此，厄瓜多尔在高高的安第斯山脉上，全年气候凉爽宜人。厄瓜多尔的首都是基多，它的发音就像“钥匙—脚指头”[①]。从基多可以看到世界最高的两座火山。这两座火山的名字都有点奇怪，两个名字都是以字母“C”开头。高一点的那座火山

① “基多”的英语拼写为“Quito”，发音类似“key-toe”，即“钥匙—脚指头”。

叫“钦博拉索山”（Chimborazo），是休眠火山，永远都不会喷发。矮一点的那座叫“科托帕希火山”（Cotopaxi），是活火山，它内部的火还没有熄灭。

你平时吃巧克力吗？喝可可饮料吗？厄瓜多尔离我们很远很远，但我们吃的巧克力和可可大部分都是厄瓜多尔当地出产的。巧克力和可可都是用可可豆做的，可可豆像豌豆一样也长在豆荚里。可不是一般的小豆荚哦，这种豆荚大得像西瓜一样，不长在树枝上，而是直接长在树干上，这种树叫可可树。

厄瓜多尔的印第安人凶狠野蛮，以割取敌人的头颅为乐。某一家族或部落为了得到女人或其他自己想要的东西，或者纯粹就是想打架，就会和另一个家族或部落大打一场。杀死一个人，就割下那人的头颅，留作纪念品，就像美洲印第安人会割下敌人带头发的头皮作为纪念品或战利品一样。收集敌人头颅最多的人会被视作最伟大的斗士。这些印第安人打斗的时候，使用的不是弓箭，而是吹矢枪。吹矢枪的长度和人的高度相当，枪内装上小土球或小飞镖，土球或飞镖上都涂有毒药，用吹矢枪可以杀死敌人和动物。这些野蛮的印第安人在捕鱼的时候，也不用渔竿或渔网，而是直接将鱼药倒入小溪小河中，药性发作后，鱼被毒死，就会浮在水面上。当然这种鱼药的药性不会影响人们食用。

厄瓜多尔的印第安人是迄今为止最野蛮的印第安人，而厄瓜多尔南部的秘鲁却居住着迄今为止最开化的印第安人。他们不住帐篷、棚屋或茅屋，而是住在宫殿中。这些印第安人叫“印加人”，当时他们的首都是库斯科。印加人有大量金银财宝，西班牙人第一次来库斯科时，就发现当地已经在开采金矿和银矿了。西班牙人仗着自己有火枪，轻而易举地从印加人手中抢走了许多金银财宝，还强迫印加人开采更多的金矿和银矿。然而，最具讽刺意味的是，这些西班牙人将抢来的金银财宝运回西班牙的途中，常常会遭到海盗的抢劫。

许多留在秘鲁的西班牙人后来和印第安妇女结了婚，现在秘鲁有许多人都是西班牙人和印第安人的混血人种。

现在已经很难找到库斯科的遗址了，只能看到一些古老印加宫殿的残垣断壁。秘鲁现在的首都是利马。我们平时吃的一种豆叫利马豆，不过利马豆并不是利马生产的。有一种治疗发烧的药产自利马。当地的印第安人发现，将某种树的树皮加水炖烂当茶喝，可以治疗发烧。白人来到秘鲁后，也发现这种方法效果很好。现在人们将树皮收集起来，运到其他国家，用于生产退烧药，这就是我们发烧时吃的奎宁。

在美国，人们都用火车或汽车等交通工具运送货物。在安第斯山脉地区，人们却用一种叫美洲驼的动物运送货物。美洲驼与骆驼很相似，但它没有驼峰。

你听说过西蒙·玻利瓦尔这个人吗？可能没听说过吧？南美洲几乎每个孩子都知道西蒙·玻利瓦尔，就像你和你的小伙伴都知道乔治·华盛顿一样。事实上，西蒙·玻利瓦尔常被称作“南美洲的乔治·华盛顿”。就像英国曾经拥有十三个殖民地那样，西班牙也曾经拥有很多殖民地，以前南美洲很多地区都是西班牙的殖民地。

西蒙·玻利瓦尔是委内瑞拉人，他一直都认为，西班牙和其他殖民主义国家一样，无情地压榨殖民地的人民。玻利瓦尔去过美国，知道美国曾经是英国的殖民地，乔治·华盛顿领导革命胜利后，才成了独立的国家。于是，玻利瓦尔回到南美洲，领导了一场革命，希望委内瑞拉和其他几个南美国家能脱离西班牙的殖民统治。当时他的生活非常艰苦，不断逃亡，又不断回到南美洲继续革命。经过艰苦的奋斗，革命终于取得了胜利，五个南美国家脱离了西班牙的殖民统治，成了独立的国家。玻利瓦尔去世后，为了纪念这位伟大的革命者，其中一个国家将国名从“高秘鲁”改成了“玻利维亚”。玻利维亚是南美洲少数的几个内陆国家之一，从那里你无法乘船出海。

全世界大部分锡都是玻利维亚生产的。纯锡制作的东西价格很高，我们平时用的锡锅和锡罐都不是用纯锡制作的，它们通常都是铁做的，外面再涂上一层锡。不涂锡的话，铁锅和铁罐很容易生锈，那样就无法盛放食物了，涂了锡便能防止生锈。锡掉了之后，铁锅和铁罐就很容易生锈。

玻利维亚和秘鲁之间有一个大湖，大湖的名字听起来很有趣，叫“的的喀喀湖”，它说起来像绕口令一样。的的喀喀湖是世界上大小与它差不多的湖泊中海拔最高的。我曾经在家里的地窖中做过一个划艇，做完后发现划艇太大，根本搬不出屋子，所以我只好把划艇拆了，拿到外面重新再组装。的的喀喀湖很高，人们要想把汽船搬上去，就只能先购买汽船的零部件，然后拿上山组装起来再使用。

第21章
橡胶之都，咖啡之国

有山才会有河流。如果陆地平坦得像桌子一样，落下的雨就像倒在桌子上的水一样散落开来，地面上也就形成不了河流。从安第斯山脉流下的水形成了世界上最宽阔的河流——亚马孙河。从地图上看，亚马孙河就像枝条繁茂的藤蔓植物拥有众多支流。亚马孙河非常宽阔，你站在河的一边，看不到河的对岸。亚马孙河注入海洋的水量比世界上任何其他的河流都多。

如果洗澡时让水一直开着，浴缸中的水肯定会溢出来。那么，所有宽大的河流最终都汇入海洋，为什么海洋中的水不会溢出来呢？因为海洋中的水会不断蒸发变成水蒸气，水蒸气再进入空气中变成云朵。云朵随着风来到陆地上空，最后变成雨水降到地面。大部分雨水会被树木和其他植物吸收，其他的则会流入河中。河流又将水汇入海洋，如此反复循环——从河流到海洋，从海洋到云朵，从云朵到地面，从地面到河流，有了这样反复的循环，地球上的水不会增加也不会减少，只是以不同的状态存在于不同的地方而已。

因为安第斯山脉紧贴着太平洋沿岸，所以它和海岸相邻的这一侧再也容不下大河大江，所以它另一侧的大的河流都汇入了大西洋。

亚马孙河流经的其中一个国家是巴西，巴西是南美洲最大的国家，国土面积比美国都大[①]。巴西的名字起源于当地一种叫“巴西红”的树木，巴西红可以用于制造染料。如果像这样用树来命名的话，巴西应该叫作“橡胶”或“咖啡”更合适，因为巴西的橡胶树和咖啡树的数量比巴西红更多。

亚马孙河附近的地区是热带雨林，热带雨林就是树林的意思，当然不仅包括树林，还有丛林和沼泽。那里气候炎热潮湿，几乎没有人烟，不适合人待，但适合植物生长。当地的植物生长迅速，像《巨人捕手杰克》[②]中的魔豆一样；那里的植被非常茂盛，人很难在中间行走，很多植物都大得惊人。你见过叶子大得像圆桌一样的睡莲吗？在那里就可以见到。

热带雨林中有许多野生动物却很少有人，当地的居民一般都是印第安人。热带雨林里面有很多街头手摇风琴师卖艺时用的那种猴子；有各种各样的鹦鹉，航海的船员抓住一些鹦鹉，教会鹦鹉说话，把它们带到世界各地；有色彩斑斓的蝴蝶和飞蛾，可以制作各种各样的标本；有一种叫王蛇的巨蟒，当它缠在树上时，看上去就像粗壮的树藤，它能轻易地迷惑其他动物，当动物靠近它时，王蛇就缠住它，越缠越紧，直到动物窒息死亡，王蛇就会把死去的动物囫囵吞下去，

① 这里是指不包括阿拉斯加和夏威夷的美国本土。

② 英国的民间故事，传说亚瑟王时代有一个农夫的儿子叫杰克，他既勇敢又富于智慧，因杀死巨人而出名。

这样美餐一顿后，王蛇就开始呼呼大睡，睡上一个星期甚至是一个月，直到食物消化完后，才开始重新捕食；有一种动物脚趾钩在树枝上倒挂着，连睡觉都是头朝下的，就像男孩子玩高空秋千一样，这种动物行动非常迟缓，看上去懒懒的，一动都不动，每时每刻都好像在睡觉，偶尔动一下也很缓慢，于是人们就把这种动物叫“树懒”；有一种巨型牛蛙，叫声非常大，就像狮子大吼一样；那里还有传播疟疾的乡村蚊子。你可能会问：那里有那么恐怖的野生动物，为什么还会有人去热带雨林呢？其实，人们去那里，都是为了捕猎野生动物，供动物园和博物馆使用。还有一个更重要的原因，就是去获取在那里繁茂生长着的一种树的汁液。

白人刚到亚马孙河流域时，发现当地印第安人玩的一种球具有很强的弹性，能不断地在地上蹦蹦跳跳。白人从没见过这样的球，据说它是用一种树的汁液做成的。聪明的白人马上就有了好主意，觉得可以用这种汁液制作各种各样的球，如婴儿玩的小球、网球、高尔夫球等。他们将这种汁液叫橡胶，用橡胶可以做橡皮、轮胎、胶带和胶鞋。通过不同的处理方法，可以将橡胶汁液制成不同质地的橡胶，如软橡胶、硬橡胶、吸力橡胶和弹力橡胶。就像厨师使用不同的烹饪方法，用糖可以做成太妃糖、橡皮糖和卡拉梅尔糖一样。

橡胶工人在热带雨林中穿行，寻找橡胶树，一旦找到橡胶树，就在树干上刻一个凹槽，下面挂一个杯子，接住凹槽中流出的橡胶汁液。你的手指不小心被割破后，伤口会流血，橡胶树的树皮被割破后会流出汁液。流出一段时间后，橡胶工人就把杯中的橡胶汁液全部收集到桶中带回住处。一旦有了足够的橡胶汁液，橡胶工人就会拿一根木棒在上面浇一些汁液，放到火上烤干。反复地这样做，很快木棒上就会有很大一团烤干的橡胶。这些工人把一团团的橡胶装到独木舟里，沿着亚马孙河往下游走到大船停靠的地方，然后由大船把它们运往世界各国。

巴西还出产一样很有名的东西，几乎每个美国家庭吃早餐时都会喝这个东西。你能猜到这是什么吗？没错，这就是咖啡。咖啡不像橡胶树是野生的，而是人工种植的。原来巴西是没有咖啡的，大洋彼岸的白人将咖啡带过来种植后，巴西才有了咖啡。咖啡生长在海边的高地上，最早在巴西种植咖啡的白人发现，巴西海边高地的土壤和气候非常适合种植咖啡。现在巴西的咖啡产量是全世界最高的。

咖啡生长在矮小的咖啡树上，树上结出形状像樱桃的咖啡果，咖啡果里有两颗种子。这两颗种子就是我们常说的咖啡豆。咖啡豆烤熟后磨成粉，就能冲泡成我们喝的咖啡了。

从前，有个人沿着巴西海岸航行。元旦那天，他来到一个看上去很像河口的地方。那天刚好是一月的第一天，他就将这个地方命名为“里约热内卢”。在他的母语中，“里约热内卢”的意思是“一月的河流”。其实那里并没有河流，后来那里发展成了一个城市，成了巴西的首都，可城市的名字仍然沿用了“里约热内卢”。里约热内卢港有一块巨大的石头叫“面包山”。从船上看里约热内卢，城市后面的山脉看起来就像一个沉睡的巨人，于是人们就把这些山脉叫“沉睡的巨人”。

除了里约热内卢，还有一个地方也盛产咖啡，那就是里约热内卢南部的桑托斯。你爸爸平时喝的咖啡很有可能就是里约热内卢或桑托斯出产的。咖啡、可可、锡罐、柏油路，还有橡胶轮胎，这些都和巴西有关。如果这些东西都像童话故事中的角色那样能讲话，它们会怎样讲述它们的家乡和它们的海上旅行呢？

第22章
银子之国与狭长之国

孩子刚出生的时候，我们就会为他（她）取个名字，很多名字都含有具体的寓意。有些孩子长大后，名字似乎与人不太相配。比如说，“查尔斯”意思是“强壮”，但叫“查尔斯”的人长大后不一定强壮；“鲁思”意思是“美丽”，但叫“鲁思”的人长大后不一定漂亮，反正能否如愿谁都说不准。最早抵达南美洲的白人来到巴西南面的国家时，发现当地的印第安人都戴着银手镯和银项链，就认为那里肯定有很多银矿，于是就将这个国家叫作“阿根廷”，在西班牙语中意思是“银子之国”。后来人们才发现阿根廷银矿资源很少，不过“阿根廷”这个名字还是沿用下来了。就像有的小朋友长大后与名字的寓意并不相称，但仍然不会更改自己的名字一样。

阿根廷虽然白银资源很少，却很富裕，它是南美洲最富裕的国家。通过销售小麦和肉类，阿根廷人赚了很多钱，按照当初西班牙人取名字的方法，阿根廷似乎应该叫“小麦之都”或“肉类之都”，当然这两个名字都没“银子之都”好听。阿根廷有宽阔的农场可以种植小麦和玉米，还有一望无垠的大草原可以放养牛羊。我们把放养牛羊的人叫“牛仔”，阿根廷人则把他们叫“加乌乔牧人”。加乌乔牧人穿着南美披风。南美披风就像一条方形毯子，中间有个洞，头可以从中伸出来。这种披风白天可以当衣服穿，晚上能当毯子盖。加乌乔牧人身边都会带一把长长的刀，可当剑使用，可砍东西，吃东西时还能切割食物。

阿根廷人用玉米喂养牛羊，销售牛肉赚钱。牛皮可以做皮革，羊毛可以织成布，它们都可以卖钱。

阿根廷在很多方面都和美国很像，因此被称作“南美洲的美国”。比如说，阿根廷和美国同样都四季分明，都有炎热的夏季，也有寒冷的冬季，不过有一点不同：阿根廷冬季的时候，美国正好是夏季；而阿根廷夏季的时候，美国正好是冬季。因为阿根廷是在南半球，而美国位于北半球。圣诞节时，阿根廷是炎炎夏日，而在七八月份则被冰雪覆盖。一二月份那里鲜花盛开，人们去那里避暑度假；七八月份去那里享受滑雪、滑冰的乐趣。

我们都知道纽约是北美洲最大的城市，而阿根廷的首都则是南美洲最大的城市，故常被称作“南美洲的纽约”。这个南美洲最大的城市就是“布宜诺斯艾利斯”，在西班牙语中意思是“清新的空气”。布宜诺斯艾利斯位于拉普拉塔河边，“拉普拉塔”在西班牙语中也是“银子”的意思。很有意思吧？“银子之国”有一条“银子之河”。

南美洲的多数国家，印第安人以及印第安人与白人的混血人种数量均比白人多，但阿根廷却以白人为主，这也是阿根廷与美国相似的一个地方。不过，阿根廷的白人大部分来自西班牙，而不是英国，所以他们说的是西班牙语，而不是英语。

从阿根廷沿拉普拉塔河顺流而上，有两个很小的国家夹在几个大国之间，这两个国家分别叫“乌拉圭”和“巴拉圭”。这两个国家和阿根廷也有相似之处，他们都放养牛羊，都有穿着南美披风的加乌乔牧人。巴拉圭有一种树，它的树叶可以沏茶，叫巴拉圭茶。巴拉圭茶是加乌乔牧人的主要饮料，南美洲许多人都喝巴拉圭茶。南美洲当地人觉得这种茶非常好喝，曾试图将它卖到其他国家，但其他国家的人喜欢喝咖啡或普通的茶，他们对巴拉圭茶一点兴趣都没有。有时候，大人和小孩一样，自己喜欢的东西才吃，不喜欢的就不吃。就像很多美国人喜欢喝苏打水，其他国家的人却不喜欢。

安第斯山脉把阿根廷与一个狭长的国家分隔开来，那个国家叫智利，它位于太平洋沿岸。智利国土狭长，被称作“狭长之国”。“智利”意思是“白雪的国度”，这是因为智利大部分地区是山脉，山顶常年被白雪覆盖。虽然中间隔着安第斯山脉，但智利和阿根廷也曾发生过战争。后来两国像美国和加拿大那样，达成了和平协议，同意不再交战。两国将金属武器熔化后做成了一个巨大的耶稣铜像，铜像手中拿着一个十字架，底座上写着：“除非安第斯山脉石崩地裂，否则智利和阿根廷永不交战，两国在耶稣脚底起誓。”从那以后，两国之间再也没有发生过战争。原来让两国停战就这么简单，为什么发生战争的其他国家和地区不用这种方法呢？

你可能会有疑问：智利国土只有那么狭长的一条，又有很多山地，似乎不像是个值得打仗去占领的国家。可实际并不是这样，智利其实很富裕。智利北部有一片沙漠，可能十年都不会下一滴雨，却是全世界最富裕的地区之一。你肯定会觉得很奇怪吧？这怎么可能呢？那里又不能种东西，又不能放养动物，又没有金矿和钻石，怎么会那么富裕呢？因为那里有一种你可能从来没听说过的东西叫硝酸钠。硝酸钠以前是一种在海里的盐，之所以那么宝贵，是因为世界各地都需要硝酸钠。硝酸钠放到田地里，庄稼才能长得好。你可能又不明白了：既然硝酸钠对庄稼那么好，为什么那里反而没有东西生长呢？那是因为那里几乎不下雨啊！也幸亏那里没雨，不然硝酸钠就会溶化。这片沙漠的形状就像一条细长的沟渠，它原来在海底，后来发生了地震，这部分海底隆起而形成了陆地。沟渠里的海水不断蒸发，就留下了硝酸钠。智利也出产碘，你应该对碘很熟悉吧？玩耍的时候不小心擦伤了，妈妈会在你的伤口上涂抹褐色的东西，这个东西就是碘（酒）。

智利有个山谷叫“天堂之谷”，其实就是智利的一个海港，风景并不漂亮，气候也不宜人，它和我们想象中的“天堂”完全不同。不知道为什么人们把它叫“天堂之谷”。这个地方在西班牙语中叫“瓦尔帕莱索”。

智利首都圣地亚哥就在山上，那里的气候凉爽宜人。“圣地亚哥”的意思是“圣詹姆斯”。

哥伦布的梦想是航海环游全世界，但他的梦想没有实现。第一个成功航海环游全世界的人是麦哲伦。麦哲伦和哥伦布一样，也是向西出发，一直向前航行，直到美洲大陆挡住了他前进的去路。他沿着南美洲一直向下航行，希望能找到通往太平洋的路。他经过亚马孙河，以为可以找到通路，但没成功；又经过拉普拉塔河，以为可以找到通路，但是也没有成功。最后，他几乎航行到了南美洲的最南端，终于找到一条通往太平洋的水路。这条通路蜿蜒曲折，就是我们所说的海峡，为了纪念麦哲伦，这个海峡就叫“麦哲伦海峡”。经过这个海峡时，麦哲伦看到左边陆地上有许多熊熊大火，没人知道那是火山爆发的大火，还是印第安人点燃的大火。于是，他就将那个地方命名为“火地岛”，西班牙语的意思是“大火燃烧的土地”。他右边的陆地就是现在阿根廷的南部地区，当地印第安人的脚都很大，他就把这些人叫“巴塔哥尼亚人”，意思是“大脚人”。

几百年来，大部分的船只都沿着麦哲伦走过的航线航行。当然，也有的船只选择直接绕过南美洲最南端的合恩角。合恩角经常有猛烈的暴风雨，沿途非常危险，所以多数船只还是选择经过麦哲伦海峡。从大西洋绕过南美洲到太平洋，要经过一段漫长的航程，麦哲伦海峡附近没有可以向航海船只提供物资补给的地方，于是海峡旁边就被建造了一个小镇，它就像汽车加油站一样，向来往船只提供继续航海所需的物资补给。这个小镇叫“蓬塔阿雷纳斯”，意思是“沙地”。蓬塔阿雷纳斯是全世界最南面的小镇。现在大部分船只都通过巴拿马运河往返于大西洋和太平洋之间，所以蓬塔阿雷纳斯的生意就冷清了。于是，当地又开始做一种新的生意，人们在火地岛放养绵羊，剪下的羊毛统一从蓬塔阿雷纳斯被运往世界各地出售。

第23章
穿越大洋

假如你要去欧洲，除了带船票或飞机票、行李，你还要带两样东西。你知道这两样东西是什么吗？第一样就是钱，当然你不能带美元，美元在那边用不了，你必须带那里的国家所使用的钱；另一样就是护照。护照像一本薄薄的书，上面贴着一张你的照片，还有几页其他的内容。有了护照，你才能进入另一个国家，而且只有拿着自己的护照才有用。没有护照，你就上不了船或飞机，也不能下船进入另一个国家。

如果是坐船，你从“新大陆”最大的城市纽约出发，到达“旧大陆”最大的城市伦敦，需要在大西洋上航行4828公里。

哥伦布当时在大西洋上航行了整整一个月，才从欧洲到达美洲。现在我们坐船用不了一周就能到达那里。

要是坐飞机，一天之内便能到达。

有一样东西，速度比飞机还快，而且它每天都会从伦敦跑到纽约，还很准时。你知道是什么吗？不错，是太阳。太阳每天都会从伦敦照到纽约，只需要 5 个小时。太阳挂在天空正中央的时候，伦敦人就把时间设定在中午 12 点，也就是我们所说的正午。5 个小时后，纽约人也会看到太阳挂在天空正中央，他们也把时间设定在中午 12 点。太阳穿越大西洋时，伦敦所有的钟表都在嘀嘀嗒嗒地走着，纽约到中午 12 点的时候，伦敦已是下午 5 点了。伦敦所有的钟表都比纽约的快 5 个小时。这就是我们所说的时差。

如果你坐船去伦敦，出发时必须把手表调快 5 个小时，等你到了伦敦后才能和当地的时间相同。同样，回来时又要把时间调慢 5 个小时。如果你在上午 10 点打电话到伦敦，问对方那里是几点，对方肯定会告诉你是下午 3 点。

航海船只上的钟看起来和我们家里的没什么两样，但敲钟的方式却和家里的钟不同。我们家里的钟 1 点就敲一下，2 点就敲两下，以此类推，最多敲十二下。船上的钟 1 点敲两下，2 点敲四下，以此类推，到了 4 点敲八下，半点的时候敲一下。过了 4 点又开始重复先前的过程，4 点半敲一下，5 点敲两下，6 点敲四下，一次永远都不会超过八下。

到了晚上我们就会睡觉，海轮却会不分昼夜地行驶，所以船员们必须轮流值班，负责船上不同的工作。有人负责发动机，有人掌舵，还有人专门负责查看周围的环境，确保不会撞上其他船只、冰山或礁石等。

你可能会问：从纽约前往伦敦的航海途中，只能看到一望无际的大海，海面上没有任何的标识，有时还会有巨浪和浓雾，船长怎么能确定航行的方向呢？

在方向盘前面有一个盒子，盒子里有一根小小的指针。无论船如何起伏颠簸，指针始终都指着同一个方向。这就是我们所说的指南针。你们都知道磁铁吧，一块小小的磁铁就能吸起小细针和小图钉。地球北极的某个地区就像一块巨大的磁铁，地球上所有的指南针在磁力作用下，都会指向这个地区。我们把这样的地区叫作磁极。

凭借着指南针，船长就知道他应该怎么走才能到达英国了。当然他不能顺着指针的方向走，否则就会走到北极去了。

天气好的时候，船上的乘客能享受快乐的时光，他们有的玩游戏，有的跳舞，有的拍照，有的写信和明信片，也有的看书。乘客一天吃五餐，可以躺在甲板的躺椅上，盖着毯子晒晒太阳，可以眺望辽阔的大海，还可以惬意地聊聊天、睡睡觉。有时海豚从海里跃起，又跳入水中，溅起漂亮的水花，它们一会儿跟着船往前游，一会儿又游到船前面，像在和船比赛看谁游得快。有时会看到海面上浮着巨大的冰块，体积比船大好多倍，这就是我们所说的冰山，它们是从冰封的北极那边断裂下来的冰层，从海上漂过来。有时还能看到像小岛一样大的鲸鱼浮出海面，喷出一股高高的水柱后，又潜入水中。

有时，海面上没有风浪，平静得像面镜子，只有轮船前行荡起的浪花，大西洋也因此被称作“大池塘”。一旦刮起大风，下起大雨，海面就会波涛汹涌，船只随着风浪上下颠簸，左右摇晃，有人还会晕船。吃饭的时候必须用东西将盘子固定在餐桌上，盘子才不会滑下来。船冲过一个巨浪，又得对付迎面而来的另一个巨浪，很多时候甚至感觉会翻船。不过，除非船撞上冰山或其他船只，才会发生船身破裂的情况，否则无论风浪多大，都不会翻船。

船长不仅会担心巨大的风浪，还会担心海上的浓雾。一旦出现浓雾，就很难辨识附近是否有其他船只，容易发生相撞事故。就像在伸手不见五指的夜晚，你摸黑找路的时候肯定也会很害怕。每当碰上浓雾，船长就会放缓速度，让船慢慢地挪移，并在船上安一个大喇叭，通过发条控制，每分钟鸣一次喇叭，直到浓雾散尽。有时浓雾会持续几天，船员会跑到船舷上，侧耳倾听周围的声音，仔细查看附近的环境。他们可以听到远处其他船只的喇叭声，但只有两条船相隔几米时，他们才能看清对方。有时船要在浓雾中航行很长时间，浓雾散尽后，就能看到陆地上的英国了。

其实没看到陆地前，人们就能知道很快要到陆地了，那么可以用什么方法知道呢？就是海鸥啦！海边的海鸥一看到船，就会成群飞来。海鸥可聪明了，知道船上厨房倒出来的垃圾中肯定有好吃的。只要看到成群的海鸥，就能知道快出现陆地了。

靠岸前，会有一个人坐着小船靠近我们的大船。大船继续行驶，从旁边放下一架用绳子做的梯子。那人就抓住梯子，爬上大船。他究竟是干什么的呢？为什么要到大船上来呢？这个人就是引水员，负责将大船开进港口。大船体积过于庞大，不能自己驶进码头，必须由几条小拖船牵引着进入港口。大船靠岸后，就会放下一座步桥，连接码头和甲板，乘客通过步桥就能上岸了。英国人和我们一样也说英语，你可以自由地和他们交流。不过还是有点差别的，他们说的英语听起来有点奇怪，而我们说的英语在他们听起来也有点可笑。英国人觉得我们说的英语带着“美国口音”。上岸后，你必须出示护照，打开行李，通过岸上的检查才能上岸。海关人员负责检查护照和行李，只有你的行李符合要求，海关人员才会放行，也许在你携带的物品中，有些还需缴纳关税。

第 24 章 盎格鲁人的土地

英格兰是一个岛屿。

盎格鲁人曾经住在这个岛上——不，不是天使（Angels）——而是一个被称作盎格鲁（Angles）的种族。

因此它最初叫“盎格鲁人之地”（Angle-land），现在我们把它拼写成“Eng-land”，可管它叫“英格兰”（Ingland）。

其实这个岛上原来还有两个国家，它们分别是威尔士和苏格兰，整个岛被叫作“大不列颠岛”。附近还有一个岛，岛上的国家叫“爱尔兰”。后来，英格兰、威尔士和苏格兰，还有爱尔兰岛北边的一小部分，联合成立了一个名叫大不列颠及北爱尔兰联合王国的国家，也就是如今人们通常所说的英国。

到英国的船只不能随便找地方靠岸。有的地方海水太浅，靠岸时可能会搁浅甚至翻船，有的地方岸边有很多岩石，还有的地方甚至有很高的悬崖。大部分到英国的人都会从西边的利物浦或南安普敦上岸。顾名思义，南安普敦位于英国的南部地区。也有人会从东边的伦

敦上岸，在伦敦靠岸的船只都会经过泰晤士河，泰晤士河的英文拼写是“Thames”，可它的发音却是“Temz”，英语中的一些单词的发音就是这样与它的拼写不一致。泰晤士河流经伦敦，大型船只最远只能开到伦敦桥。你有没有玩过“伦敦桥要塌了”这个游戏？伦敦桥确实塌过几次，每次塌了之后，人们都会重新建造伦敦桥。我觉得现在这座伦敦桥应该不会再塌了。

耶稣诞生时，伦敦就存在了。当时的伦敦很小，又很遥远，耶稣根本就没听说过这个地方。现在伦敦已经发展成为全世界最大的城市之一了。

我们前面说过，纽约到处都是高楼大厦，是个“高耸”的城市，有的高楼直冲云霄，有 50 层的，有 70 层的，还有 100 层的。伦敦的楼房普遍比较低矮，但城市的范围非常大。伦敦人平时乘坐双层巴士，车里和车顶都有座位，他们也会像我们一样乘坐地铁。

伦敦是英国的首都，英国的“国会大厦”就在伦敦，叫作“议院”，意思是“讨论问题的场所”。人们在议院中不但讨论问题，还制定英国的法律。英国由国王统治，法律由议院制定。我在美国的华盛顿住了很多年，天天都能看到美国的国会大厦，我一直想当然地认为所有的国会大厦都有圆顶，就像牛都有牛角一样。所以第一次看到没有圆顶的英国议院时，我觉得非常奇怪。英国议院大楼的顶上有些方形的钟塔，其中的一个钟塔里放置着一口大钟，叫“大本钟”。

伦敦还真有一栋著名的建筑像国会大厦一样有圆顶，那就是圣保罗大教堂。据说华盛顿的国会大厦就是仿照圣保罗大教堂建造的。圣保罗大教堂建成时，世界上还没有华盛顿的国会大厦，也没有华盛顿，甚至连美国这个国家都还没有。伦敦发生过一场大火，人们现在仍然把那场大火叫“伦敦大火”，大火几乎烧毁了整个城市。后来有个叫克里斯多夫·雷恩的人出钱重建了烧毁的大部分地方，还建造了许多漂亮的教堂和其他建筑，重建后的伦敦变得更加漂亮。因此，有人说，从这点来看，那场大火还是件好事呢。圣保罗大教堂就是克里斯多夫·雷恩建造的教堂之一。

第二次世界大战期间，德国军队的飞机向伦敦投掷了许多炸弹，成千上万的建筑毁于炮火之中，包括很多克里斯多夫·雷恩出钱建造的教堂和其他建筑。幸亏他出钱建造的建筑数量很多，仍有一些幸免于难。伦敦人把德军的轰炸叫“闪电式空袭”，轰炸中死了许多人。当时的空袭和那场大火一样，都被伦敦人永远地记住了，但没有一个人会说空袭是好事。唯一的好事是：在德军的空袭中，伦敦人表现出了非凡的勇气。

伦敦还有一个著名的历史悠久的教堂（它不是雷恩出钱修建的），这个教堂叫“威斯敏斯特教堂”。威斯敏斯特教堂不是一个普通的教堂，它还是许多名人的墓地。这里安葬着许多著名的英国人，有国王、王后，还有伟大的作家、诗人、音乐家和士兵。第一次世界大战结束后，人们将一名在法国战场上牺牲的无名士兵安葬在了威斯敏斯特教堂，以此纪念那些为人类伟大事业而牺牲的无名英雄。后来那个地方就叫作“无名战士纪念碑”。

威斯敏斯特教堂有一把椅子叫“加冕椅”，现在的英国国王加冕时就坐在这把椅子上。椅子下面有一块巨大的石头。为什么要放石头呢？那是因为几百年前，位于英格兰北部的苏格兰是独立的，苏格兰国王加冕时就坐在一块大石头上。后来，苏格兰和英格兰成了同一个国家，人们就把那块石头带到英格兰，放在了加冕椅下。这样，领导着这两个国家的国王，就可以同时坐在两个加冕椅上了。

伦敦最古老的建筑建成于大火之前，名字听起来像是某栋建筑的一部分，它就是伦敦塔。很久以前，伦敦塔是座监狱，关押着许多著名的人物，包括一些英格兰的王子和女王，有的后来被判处了死刑。现在伦敦塔成了博物馆，收藏了许多以前的罕见物品，如士兵穿的盔甲、马匹和狗使用的盔甲、砍头用的垫头木和斧子、国王皇冠上的珠宝。皇冠上有的钻石和红宝石大得像核桃一样。女王的皇冠就放在白色的绸缎枕头上，上面点缀着珠宝和一颗巨大的钻石。这颗钻石还有自己的名字，叫“柯伊诺尔钻石”，意思是“光明之山”。根据传说，如果男性拥有这颗钻石，就会走厄运，所以这颗钻石后来就镶嵌在了女王的皇冠上。守护伦敦塔的卫兵叫“英国皇家禁卫军仪仗卫兵”，一旦有人强行打开装有珠宝的容器，伦敦塔所有的门就会自动关闭，盗窃者就会成为瓮中之鳖。

你收集过石头、邮票、蝴蝶或硬币吗？英国有一座世界上最大的博物馆，收藏着世界各地的珍奇异宝，它就是“大英博物馆”。

伦敦街道众多，据说如果把伦敦所有街道都连接起来，可以绕地球一周。没人能细数伦敦所有的街道名称，甚至连当地的警察都不知道。他们会随身带着小地图，有些街道只有通过查阅地图才能找到。而有些街道的名称却广为人知，还有些街道的名字听上去非常有趣，如针线街、切普赛德街、佩尔美尔街和皮卡迪里街，其中皮卡迪里街有许多漂亮的房屋、酒店、俱乐部和宫殿，还有舰队街、河滨大道、摄政街和邦德街，它们都是著名的购物街。此外，伦敦还有牛津广场和皮卡迪里广场。

第 25 章 盎格鲁人的土地（续）

我曾经问过一个英国人是不是住在伦敦。

“为什么美国人都认为所有英国人都住在伦敦呢？”他有点生气地说，“除了伦敦，英国还有很多其他地方呀！有彻斯特和曼彻斯特，有诺里奇和哈里奇，有牛津和吉尔福德，有伯明翰和诺丁汉，有剑桥和坦布里奇，有北安普敦和南安普敦，有普利茅斯、雅茅斯、韦茅斯……”

他一口气报出了一连串名字，我赶紧说：“好了，好了，那么多名字我根本记不住，而且很多名字很相似。”

“好吧，”他得意地说，“简单地说，英国有近 6000 万人不住在伦敦，我就是其中之一。”

不管住在哪里，几乎所有的英国人一辈子至少会去一次伦敦。英国面积不大，火车速度很快，无论从哪里出发，都能在一天之内到达伦敦。

铁路是由英国人发明的，英国的火车和我们的不太一样，它看起来小一些、轻一些，车厢也小一些。每节车厢一半座位朝前，一半座位朝后，所以有一半乘客是反方向坐着的。少数车厢标着“头等”，多数标着“三等”。头等车厢的车票要贵一些，车厢内的座位上有软垫，每个座位都很宽敞。三等车厢内的座位没有软垫，座位之间更加拥挤。美国的车辆靠右行驶，而英国的车辆都靠左行驶。如果你在英国靠右骑车或开车，警察就会把你抓起来。

美国的公路旁有栅栏，英国的公路旁有树篱。有的树篱像《睡美人》中城堡外的树篱一样，长得又高又大，根本看不到树篱后面的东西，最多只能看到里面房屋的屋顶。英国有些房屋的屋顶和我们的完全不同，它是用稻草盖成的。你可能会觉得很奇怪：茅屋顶怎么能挡雨呢？稻草不是很容易着火吗？其实茅屋顶能很好地挡雨，一般情况下不会着火。英国木材稀少，那里很少能看到木材建造的房屋，几乎所有房屋都是用石头或砖头建造。英国没什么森林，更没有大森林，仅有的几个小森林现在基本上都成为公园了。英国历史悠久，树木差不多都用完了，所以剩下的稀少的树木就显得特别宝贵，人们不舍得用树木造房子。美国的木头房子比石头房子或砖头房子都便宜，而英国的木头房子却比石头房子或砖头房子贵很多。

英国有很多著名的风景胜地，包括数量众多的教堂和少数大教堂。美国很少有历史超过 100 年的教堂，而英国几乎没有一个教堂的历史少于 100 年，很多大教堂有 1000 多年的历史。大部分英国人都是圣公会教徒，大部分英国的教堂都是圣公会教堂。圣公会也被称作英国国教。

英国有两所世界知名的大学，这两所大学之间常常进行足球赛、板球赛和划船比赛。其中的一所在泰晤士河畔，那里曾经是牛群蹚水过河的地方，所以就叫“牛津大学”了；另一所位于剑河河畔，河上有一座叫“剑桥”的桥，所以就叫“剑桥大学”了。

你应该看过不少著名作家写的故事和诗歌吧？英国有许多世界级的伟大作家和诗人，包括最伟大的英国作家威廉·莎士比亚。他以前就住在艾冯河畔的斯特拉特福小镇。

我们前面说过，美国的新英格兰最主要的产业是制造业，英国自己最主要的产业也是制造业。新英格兰没有煤矿和铁矿，制造东西所需的煤和铁都要从其他地方购买。但是，老英格兰则拥有丰富的煤炭和铁矿资源，煤炭燃烧可以发动机器，铁可以做成各种各样的东西。英国的铁制品品种繁多，从大型发动机到袖珍折刀，应有尽有。英国有个地方叫谢菲尔德，那里生产大量的餐刀和银盘，这种盘子就叫“谢菲尔德盘”。你可以看看自己家里的餐刀和餐盘，说不定就有“谢菲尔德制造”的标记呢！

英国还生产大量布料，包括羊毛布料和棉毛布料。英国当地养殖绵羊，直接用羊毛织成羊毛布料，而它生产棉毛布料所需的棉花则需要从美国进口。

英国也有种庄稼的田地，但数量较少，它所生产的粮食只占英国人粮食需要量的七分之一，大部分粮食都要从大洋对岸的其他国家进口。英国人可以吃很多羊肉和烤牛肉，以至于它的一些歌曲和故事都曾赞美过“英国传统的烤牛肉”。有个故事说，英国某个国王觉得用牛腰肉烤出的牛排味道最香，他就把牛腰肉称作“牛腰先生”，就像他称呼一位爵士或勋爵一样，所以现在我们仍然把上好的牛腰肉称作“腰肉先生”①。这个故事很好听，但恐怕并不是真的。

英国国王的统治范围不仅包括英国，还包括其他国家。英国曾经征服和占领过世界上的许多地方，在每一片大陆都曾经有过殖民地，以前那些国家实行的都是在伦敦制定的英国法律。然而现在其中大部

① 英文中，“sirloin”（牛腰肉）是“sir”（先生）和“loin”（腰肉）两词合成的。

分国家都自己管理自己了，并制定了属于自己的法律。其中有的已经成为独立的国家了，但仍然把英国的国王当作自己的国王。这个遍布世界各地，拥有同一个国王，即英国国王的大家族叫“英联邦”[①]。我前面介绍过加拿大这个国家，它就是英联邦的一个成员国。

① 第二次世界大战后，英国势力遭到削弱，各殖民地纷纷独立，逐渐用英联邦代替了英帝国。英联邦不设立任何权力机构，它由53个独立国家组成，成员国多数为大英帝国的前殖民地，基于共同的历史背景，彼此独立并维持着自由平等的关系。

第 26 章
英格兰的邻居

我知道一个最长的英文名字，有 58 个字母，译成汉语也有 28 个字，这个名字就是“兰韦尔普尔古因吉尔戈格里惠尔恩德罗布尔兰蒂西利奥戈戈戈赫”[①]。这个名字就像是小孩子打字时胡乱打出的。可这是个真实的名字，是威尔士一个小镇的名称，意思是“位于茫茫白雾中的圣玛丽教堂附近有一个飞速旋转的漩涡，还有一个圣泰西里奥教堂，教堂旁有一个红色山洞”。那么长一串名字，读写都很麻烦，所以当地人和给那里写信的人都直接用简称“兰韦尔普尔古因吉尔”——连简称都那么长。威尔士和英格兰位于同一个岛上，它曾经是个独立的国家，现在是英国的一部分。威尔士人以前讲的是威尔士语，而威尔士语有很多又长又难读的词语。

后来，英格兰国王征服了威尔士，为了让威尔士人服从英格兰的统治，英格兰国王告诉他们，将会让一个在威尔士出生，但不会说英语的人当威尔士的国王。威尔士人听后非常开心，以为英格兰国王肯

---

① 英文名为 Llanfairpwllgwyngyllgogerychwyrndrobwllllantysiliogogogoch。

定会让威尔士人当这个国王。没想到英格兰国王耍了个小聪明，当时国王自己的儿子刚在威尔士出生没多久，还是个婴儿，不会说话，当然就不会说英语啦，符合当威尔士国王的条件。英格兰国王就让自己的儿子当了威尔士国王，称作“威尔士亲王”。从那以后，英格兰国王的第一个儿子，在父亲去世后会继承王位的儿子，就被称为威尔士亲王。现在很少有威尔士人会说自己的“母语”威尔士语了，所有孩子在学校学的都是英语。去威尔士旅游不一定要懂威尔士语，因为那里几乎所有的人都讲英语，包括那些也说威尔士语的人。

英格兰的第二个邻居是苏格兰，高尔夫球运动就起源于苏格兰。苏格兰也和英格兰在同一个岛上，它位于英格兰北部。苏格兰拥有全世界最好的高尔夫球场。苏格兰居住着苏格兰人，以前也是独立的国家，有自己的国王。从前的苏格兰人上身穿方形披肩，下身不穿马裤，而是穿短裙，腿上穿短袜，袜沿向下卷起，即使是最寒冷的天气，他们的膝盖也露在外面，苏格兰寒冷的天气很常见，可有些苏格兰人现在还这么穿。每个苏格兰家族称作一个宗族，每个宗族的披肩和短裙都有自己的格子图案。许多苏格兰词语都与英语不同，不过也有相似之处。他们把“婴儿”（baby）叫“小孩”（bairn），“男孩们”（boys）叫“小伙子们”（lads），“女孩们”（girls）叫“小姑娘们”（lassies），“漂亮的女孩”（pretty girl）就叫“漂亮的姑娘”（bonnie lassie）。

苏格兰有一种很奇怪的乐器叫风笛。风笛的主要部分是一个用猪皮做的袋子，它有一根管子，可以往袋子里吹气，就像给气球吹气一样。另外，袋子上还有几个小喇叭。吹风笛时，要把袋子夹在一个手臂下，通过管子吹气，同时用手臂挤压袋子，让袋子中的空气跑出来，就能吹响上面的喇叭。风笛发出的声音很奇怪，听起来像杀猪时猪的叫声。

苏格兰制造大型船只，一些在大洋上航行的巨轮就是在苏格兰的格拉斯哥制造的。格拉斯哥位于克莱德河西岸，它是英国的第二大城市。苏格兰的首府爱丁堡则位于克莱德河东岸。长老会起源于苏格兰，就像英格兰大部分人是圣公会教徒一样，苏格兰大部分人是长老会教徒。

英格兰的第三个邻居是爱尔兰，爱尔兰盛产土豆，当地人也很喜欢吃土豆。从地图上看，爱尔兰的形状像当地出产的土豆。事实上，爱尔兰原来不产土豆，土豆最早只在南美洲种植，哥伦布发现美洲大陆后，将土豆带到了其他地区，爱尔兰也是从那以后才开始种植土豆的。

爱尔兰岛由两部分组成，北面的部分比较小，与英格兰、苏格兰和威尔士共同组成了大不列颠及北爱尔兰联合王国，即英国。也就是说，北爱尔兰和英格兰、苏格兰以及威尔士同属于英国国王管辖。

爱尔兰人非常擅长讲故事。有一个故事是这样的：很久以前，爱尔兰北部的一个巨人建造了一座魔法大桥，大桥可以从爱尔兰通到苏格兰。为了说明这个故事是真实的，爱尔兰人会说："看，有几千根石柱呢，从海岸边一直延伸到海里，像是用现在的打桩机打的。以前根本没有打桩机，只有巨人才能完成这样的事。"人们把这些石柱叫“巨人堤”，意思是“巨人的大桥”。

你平时会在口袋里装一块手帕吗？如果会，你的手帕是亚麻布的还是棉布的？如果是正式场合使用的手帕，它很可能是来自爱尔兰的亚麻手帕。亚麻布是用亚麻的纤维制作的，亚麻布比棉布更牢固，质地也更柔软，不过价格也更高。贝尔法斯特是北爱尔兰的首府和主要城市，非常适合亚麻生长，优质亚麻的产量全世界最高。所以，它们生产的各种亚麻产品（比如说手帕、餐巾和桌布等）也是世界上最多的。

大部分北爱尔兰人和苏格兰人一样都是长老会教徒，北爱尔兰人的祖先是很早以前从苏格兰迁徙过去的。

爱尔兰南面的那部分原来也是属于英国的，但当地人不愿意接受英国人的统治，自己成立了独立的国家——爱尔兰。爱尔兰首都是都柏林，据说都柏林人说英语比英格兰人还纯正。除英语外，爱尔兰人还说爱尔兰语。爱尔兰语历史悠久，爱尔兰人开始说英语前就已经在说爱尔兰语了。现在还有部分爱尔兰的硬币和邮票上有爱尔兰语。

爱尔兰人成立的国家是共和国，和美国一样有总统。英国国王统治爱尔兰的日子已一去不复返了。

从都柏林再往南有个城市，它的名字很奇怪，叫“科克”，离它不远处还有一个地方叫基尔肯尼。爱尔兰人以头脑机敏出名。一次，一个名叫肯尼的人正在喝一瓶姜味汽水，不小心吞下了一块软木塞，几乎窒息而死。有人对他说：“那可不是去科克的路。”“是啊，”

肯尼一边咳嗽一边说，“那是去基尔肯尼的路[①]。”

科克附近有一座废弃的城堡，叫“布拉尼城堡”，城堡的墙上高高地立着一块石头，据说只要吻一吻这块石头，人就会变得伶牙俐齿，能说出动听的话来。人们把这块石头叫“巧言石”。很多人千里迢迢赶到这里来吻这块巧言石，希望自己能变得口齿伶俐，尽管人们得背贴着墙，几乎是倒立着才有可能吻到它。因此，如果有人说了奉承话，别人可能就会说：“啊，你肯定吻过巧言石了吧？”

在爱尔兰共和国，几乎所有的人都信奉罗马天主教。他们的祖先在耶稣诞生前就生活在这片土地上，1000多年前，罗马传教士曾在这里传播罗马天主教。

爱尔兰雨水充沛、植物繁茂，到处都是一派郁郁葱葱的景象，所以，常常被称作“绿宝石岛”。绿色也是爱尔兰人非常喜爱的颜色。爱尔兰国旗上有绿色、白色和橙色。天蓝色是三叶草的颜色，爱尔兰盛产三叶草，而三叶草是爱尔兰的国花。

你应该听说过圣帕特里克吧？圣帕特里克是爱尔兰的守护神，据说是他把邪恶的毒蛇赶出了爱尔兰。英国的国旗由三个十字构成，像我们平时写的花押字[②]。其中一个十字代表英格兰的圣乔治；一个代表苏格兰的圣安德鲁；还有一个代表爱尔兰的圣帕特里克。

① 英语中“Cork”（科克）是“软木塞”的意思；英语中“Kilkenny”（基尔肯尼）的读音近似“杀死肯尼”。

② 两个或两个以上字母，通常是姓名的首字母，放在一起构成的图案。

第 27 章
你会讲法语吗？

我认识一个小男孩，他从没有上过学，也从没有上过一堂法语课，却可以说一口流利的法语，他也并不比你聪明，你说是怎么回事呢？那是因为他出生在法国，是一个法国男孩。但曾经有一段时期，凡是有身份的人，不管他出生在哪个国家，都会说法语。英国的国王、贵族和受过教育的人全都说法语，他们只有跟仆人说话时才说英语，因为仆人不配说高贵的法语。

法国距离英国只有 38 公里，中间隔着大海，海上没有桥。两国之间的这段海峡叫“英吉利海峡”，其实称它“法兰西海峡”也可以，因为这个海峡既不属于英国，也不属于法国。很多世界各地的男女游泳爱好者都试图穿越英吉利海峡，但只有少数人成功了。坐船只要 1 小时就可以到达对岸。若坐飞机，需要的时间就更短了。

从英国经过英吉利海峡去法国，通常会从英国的多佛尔出发，在法国的加来上岸，这是最近的路线。人们通常把它称作加来—多佛尔航线。这段航程非常颠簸，很多人都会晕船，原本短暂的行程仍然觉得很长。因此有人宁愿选择长一点的航程，在法国的其他地方上岸。勒阿弗尔就是其中一个登陆点，勒阿弗尔位于塞纳河的河口处。

一到法国，你就会看到随处飘扬的法国国旗。法国国旗和美国国旗一样，有红、白、蓝三种颜色，不过法国国旗只是简单的三个竖条，从左到右依次是：蓝色竖条、白色竖条和红色竖条，而不是按颜色通常的排列顺序：红、白、蓝。街道路牌和建筑标识上写的都是法文，法国人说的是法语，用的钱也和我们的钱不一样，他们的钱叫“法郎”。

别人可能会说“你长得真像你爸爸”或“你长得真像你妈妈”，肯定没有人会说你爸爸或妈妈长得像你吧。塞纳河上游是法国的首都巴黎，巴黎是法国最大的城市，它的英文拼写是“Paris”，可法国人都管它叫“Paree”。有人说巴黎是全世界最漂亮的城市，一看到其他漂亮的城市，人们就会说像巴黎一样漂亮，没人会说巴黎像某某城市一样漂亮。

我们前面说过，伦敦位于泰晤士河上游不远的地方，从海上来的轮船都能从泰晤士河直接开到伦敦。而巴黎则位于塞纳河上游较远的地方，塞纳河蜿蜒曲折，流经巴黎。而且，塞纳河河道较窄，河水又浅，只有小船才能在河上行驶去到巴黎。

塞纳河的一个小岛上有一座大教堂，是为纪念圣母马利亚建造的，叫巴黎圣母院。巴黎圣母院建于几百年前，它用石头和彩色玻璃建造而成，前面有两座塔楼，中间有一座很长的尖塔，像“直指天堂的手指”。长长的石柱支撑着屋顶，没有石柱的话，整个屋顶会塌下来，这样的石柱称作扶壁。屋顶边缘雕刻着许多奇怪的石头动物。这些动物奇形怪状，和普通的动物不一样，看上去十分恐怖，既像鸟类，又像野兽，也像魔鬼。这些石头做的动物叫“怪兽饰”。据说，之所以把这些动物做得那么恐怖，是为了吓走邪恶的灵魂，不让它们进入教堂。

巴黎还有一座著名的教堂，是为《圣经》中的另一个马利亚建造的，这个马利亚叫“抹大拉的马利亚”，这座著名的教堂叫“玛德莲教堂”。玛德莲教堂比巴黎圣母院新很多，不过建筑风格看起来比巴黎圣母院还古老，有点像耶稣诞生前的那种古老寺庙。玛德莲教堂周围有石柱，可没有窗，没有塔楼，没有扶壁，没有尖塔，也没有圆顶。

法国曾经也有国王、王后、王子和公主，塞纳河畔有很多以前王室居住的宫殿。现在法国和美国一样实行共和制，只有一位总统，以前的宫殿现在都成了博物馆、艺术馆或图书馆。其中最伟大的一座宫殿就是罗浮宫，它里面收藏着许多著名的画作和雕塑。

即使照片拍的是知名人物，拍得非常逼真，也不会很值钱。但画作就不同了，即使画的是普通人，画得也不逼真，却仍然有可能价值连城。罗浮宫中有一幅举世闻名的油画，画的是一名微笑的妇女，她叫蒙娜丽莎。曾经有人从罗浮宫中挂着它的地方偷走了这幅画，其实那个小偷很笨，这幅画实在太有名了，全世界都知道，他根本不敢把这幅画卖掉，甚至不敢拿给别人看。过了很长时间，人们才在另一个国家找到这幅画，这幅画又重新回到了罗浮宫。

耶稣诞生前，人们认为世界上有许多神，就像善的和恶的精灵一样，他们还根据想象中的样子，雕刻了许多神像。罗浮宫中就收藏着两座最伟大的雕像：一座是爱神维纳斯的雕像，它完成于2000多年前，后来被发现于希腊的米洛斯岛上，于是就叫“米洛斯的维纳斯”；另一座雕像是有翅膀的天使，它也完成于耶稣诞生前。维纳斯雕像没有手臂，天使的雕像没有头，但两座雕像的形态都非常优美。

法国的“国会大厦”既没有美国国会大厦那样的圆顶，也没有英国议院那样的塔楼。不过，巴黎有一栋建筑拥有像美国国会大厦和伦敦圣保罗教堂那样的圆顶。这栋建筑既不是教堂，也不是国会大厦，

而是法国两位著名战士的墓地。其中一位叫拿破仑，他和美国的乔治·华盛顿生活在同一时期，在法国设立总统制之前，拿破仑曾当过法国的国王。他的骸骨被放在圆顶下一个巨大的大理石箱子中；另一位是著名的法国将军福煦，第一次世界大战期间他曾担任法军参谋总长。

全世界最高的铁塔位于塞纳河畔的巴黎，它叫埃菲尔铁塔。埃菲尔铁塔高约300米，它立在四条长长的铁“腿”上。当你站在四条铁“腿”的中间往上看时，会觉得整座铁塔像个叉开腿站立着的巨人。

第 28 章 你会讲法语吗？（续）

即使你不会说法语，但我知道有两个法语单词你肯定是认识的。一个是“Boulevard”（林荫大道）；另一个是“Avenue”（大道）。你也许一直认为它们是英语单词，但两个都是法语单词。巴黎有许多林荫大道，全世界最漂亮的一条街道也在巴黎。这条街道沿着落日的方向种着葱葱茏茏的树木，景色非常优美。有人说这条街道就像天堂中的街道，于是就把它叫“香榭丽舍大道”，意思是“天堂之地”。

在伦敦，广场叫“Circus”（环形广场），但在巴黎它叫“Place”（广场），读作“普拉斯”。巴黎有许多漂亮的广场，其中最著名的就是协和广场。广场中央耸立着一座纪念碑，它是用一整块石头做的，叫“克娄巴特拉方尖碑”。协和广场位于香榭丽舍大道的一端，大道的另一端是一扇巨大的拱门。这个拱门非常漂亮，叫“凯旋门”，意思是“胜利之门”。任何交通工具都不能从凯旋门下通过，因为在凯旋门下面的便道上便是那位法国无名士兵的坟茔，在那里不分昼夜燃烧着一团火焰，以此纪念在世界大战中牺牲的法国士兵。

法国人喜欢漂亮的东西，如漂亮的图画、雕塑、建筑等，他们在这些方面非常有造诣。美国还有其他国家的许多年轻人都跑到法国去学习艺术和建筑，希望自己将来能成为画家、雕塑家和建筑师。

日常生活中，法国人也喜欢漂亮的东西，比如漂亮的帽子、衣服、食物和优雅的言谈举止。而法国的帽子、衣服、食物和言谈举止也确实闻名于世。但有一点很奇怪，法国最著名的时装设计师和厨师都是男性。我国的服装设计师会去巴黎学习时尚的服装设计，而我们的高级酒店里也请了不少法国大厨师。你可能会发现，我们很多酒店的账

单都是用法语写的，我们的厨师不但学会了法国的烹饪方法，连法国菜的名字也照搬照抄。法国厨师能用普通的面包和骨头做出非常可口的汤。在美国，汤就简单地叫“汤”，但法国人却叫“浓汤”或“清炖肉汤”。菜名好听，你会觉得味道也差不了，通常情况下也确实如此。

我们平时都喜欢在室内吃饭，不喜欢被外人打扰。法国人却喜欢在户外吃饭，不是在大街便道上，就是在俯瞰下面便道的地方，就餐的人能看到行人，行人也能看到就餐的人。大部分法国著名的餐厅都在这样的地方。

法国人吃饭时很喜欢喝葡萄酒，就像我们喝牛奶、咖啡或茶一样。法国各地有许多种植葡萄的大农场，叫“葡萄园”，园里的葡萄可以用来酿酒。

布料可以用不同的材料制作，如亚麻、棉花、羊毛、丝绸等。亚麻、棉花和羊毛做的布料比较实用，丝绸布料主要是为了达到美观的目的。苏格兰的大部分布料都是用亚麻做的，英国的大部分布料是用棉花或羊毛做的，而法国的很多布料为了美观，都是用丝绸做的。亚麻和棉花都来自植物，羊毛来自绵羊，那你知道丝绸是怎么来的吗?丝绸来自一种小昆虫，我们把这种小昆虫叫蚕。在自然环境中，蚕会蜕变成美丽的飞蛾或蝴蝶。我们平时会用农药杀死很多有害的昆虫，那些昆虫要吃树叶或菜叶。蚕却是一种有益的昆虫，人们专门用一种树叶养蚕，就像农场养鸡一样。蚕喜欢吃桑叶。法国有一条河叫罗纳河，罗纳河的山谷内专门被用来种植桑树，摘下的桑叶用来喂养蚕。

蚕吃了桑叶后，就会吐丝，丝的长度可达400米。像蜘蛛织网一样，蚕会用丝把自己整个包裹起来，绕成密封的椭圆形球（颇似我们吃的花生），就是我们说的“茧”。这样蚕就变成了蚕蛹，开始呼呼大睡，一觉睡醒就会破茧而出，变成美丽的飞蛾或蝴蝶。为了制作丝绸，人们不会让蚕蛹破茧而出，蚕蛹还在呼呼大睡时，人们就把茧放到水中煮，直到茧变软，就可以把蚕丝分离出来了。这样就能用蚕丝制作丝绸，再做成丝绸衣服、袜子、缎带以及女性喜欢的其他各种丝绸制品。罗纳河畔有一个欧洲最大的丝绸产地，叫里昂。

罗纳河向南流入一个海湾，叫“里昂湾”，里昂湾是地中海的一部分。里昂湾最主要的城市是马赛，马赛是仅次于巴黎的法国第二大城市，历史比巴黎悠久。马赛位于距离罗纳河河口不远的地方，它在很久以前就是一个著名的港口，现在依然是。

除了丝绸，女性还喜欢香水。法国的香水也闻名于世，法国人可以用漂亮的鲜花、芳香的小草甚至荒芜的野草制作出怡人的香水。法国香水很贵，一小滴香水就要1美元，因为生产几瓶香水就要一大块田地的鲜花。

除了桑树、葡萄和鲜花，法国人也种植和我们一样的植物。法国的农民不住在农场的农舍中，而是住在乡村的房屋里，他们经常往返于家和农场之间，而且农场往往离家很远。

5岁时，我开始用零钱罐存钱，到12岁时，已经存了100美元，我开心极了，感觉自己像个百万富翁。法国人很喜欢存钱，即使赚得少，也会存下一部分。就算是穷人，也会存下一些钱，准备将来自己老了，不能工作的时候使用。

法国女孩也会给自己存钱，结婚时用来买家具、房子甚至更多的东西。这就是我们所说的“嫁妆”。有的父母会送女儿嫁妆，而有的女孩则自己存钱买嫁妆。有的女孩的嫁妆可能只值几千美元，有的女孩则有几万美元的嫁妆。无论嫁妆多少，所有法国女孩出嫁时都会陪送。根据法国人的说法，姑娘有嫁妆，结婚后就能过上幸福美满的生活。

第29章
低于海平面的国家

大钟和战场似乎很难联系在一起，法国北部有个国家有很多大钟，也曾经是著名的战场，它就是比利时。

在比利时，教堂、市政厅和其他建筑的塔楼上都有大钟，大钟不但能报时，还能发出美妙的音乐。每到周末或节假日，鸣钟者会坐在一个键盘旁敲击键盘，在大钟上敲出各种声调和旋律，城里每个人足不出户就能欣赏到美妙的音乐。这音乐不是通过电台播出的。一组钟有时包括五六十个大小和声音都不相同的钟，较小的钟音调较高，较大的钟（有的跟人差不多大）音调低沉，浑厚。钟固定不动，声音通过钟槌敲打各个不同的钟而发出。钟锤连着线，连到键盘上，鸣钟者敲击键盘，就会带动连在线上的钟锤。每当这样的音乐响起，城里就会禁止发出各种噪声，不准汽车鸣喇叭，不准人们大声喧哗，以免影响了人们对这美妙音乐的享受。

比利时大钟和比利时战场！有史以来，比利时都是欧洲的一个主要战场，当然不是比利时人自己在打仗，而是其他欧洲国家在比利时打仗。两次世界大战期间，比利时都是德军和法军交战的主战场，它的许多建筑被毁于战火，整个国家的基础设施遭到了严重的毁坏。100 多年前，有个叫拿破仑的法国将军，就是我前面说过的埋葬在巴黎的那个人，它在比利时一个叫滑铁卢的地方打了一场历史上非常著名的战役。拿破仑在那场战役中一败涂地，后来我们就用“滑铁卢”来形容惨败，无论是战争还是比赛中的惨败，都可以用“遭遇滑铁卢”来形容。例如，我们可以说“这位网球世界冠军遭遇了滑铁卢”，也可以说“这支足球队遭遇了滑铁卢”，都表示他们在比赛中惨败。

B，B，B，这里有很多以 B 开头的名称。除了比利时（Belgium）以 B 开头之外，比利时首都的英文名字也是以 B 开头的。它就是布鲁塞尔（Brussels）。也许你听说过布鲁塞尔花边、布鲁塞尔地毯或布鲁塞尔汤菜。这些东西都产自布鲁塞尔。

比利时还有一个以 B 开头的城市，就是布鲁日（Bruges）。布鲁日城里有很多水道，水道上有各种各样的桥，水道里走的是船，而不是车，不过那里也有铺过路面的街道，但是通常人们乘船出行。看看比利时有多少东西是以 B 字母开头的吧：

Belgium（比利时）

Bells（钟）

Battle-fields（战场）

Brussels（布鲁塞尔）

Bruges（布鲁日）

Bridges（桥）

Boats（船）

比利时靠近法国的那部分领土山地较多，另一部分则与荷兰接壤，地势很低。荷兰一词的意思就是“低地”。荷兰有许多地方都低于海平面，当地人必须建造河岸或堤坝挡住海水，并在堤坝内建造磨坊，每个磨坊都有巨大的四翼风车，不停地将水排出去，才能不让水进来。在荷兰，水不会从地面流掉，因为那里根本没有更低的地方可以让水流出去，水要流也只能往上流，所以人们只好把水排出去。

堤坝必须筑得非常宽和牢固，才能抵挡巨浪的冲击。堤坝出现任何小的裂缝，海水都会乘势而入，造成洪水泛滥，冲垮房屋，淹死人和动物。因此，荷兰有专人看管堤坝，一旦发现有裂缝，就立即修补。

大约700年前，荷兰有过一次特大风暴，北海的海水冲垮了堤坝，冲毁了许多房屋，淹死了成千上万的人。曾经被水淹没的那个地方现在有船只往返穿梭，鱼儿在水中自在遨游，人们把这片水域叫作“南海”，荷兰语叫“须德海”。荷兰人打算在那里重新建造堤坝，挡住北海的海水，同时将现有的水排出去。多年后的某一天，那里可能会变干，建造起房屋和农田；那里不会再有南海，也不会再有鱼群和船只。

就像美国有很多街道一样，荷兰有很多运河。夏天，大大小小的船只在运河上来往穿梭；冬天，人们就在运河上滑冰，孩子们滑冰去上学，大人们滑冰去上班。多好玩啊！

荷兰没有多少马，当地人用狗拉车或用自行车载东西。狗吃得比马少，又不需要马厩，自行车则不需要车库。经过训练，狗能像马一样拉车，拉装着奶桶的小马车。只是如果路上遇到猫，那就麻烦了。

荷兰虽然马少，但奶牛却很多。荷兰的奶牛都有黑白相间的条纹，叫黑白花牛，产奶比其他奶牛更多。黑白花牛的牛奶可以用来做奶酪。荷兰的奶酪非常有名，人们把奶酪做成很大的块，然后涂上一层薄蜡，这样就能保存较长的时间。荷兰还有专门卖奶酪的市场。

荷兰人喜欢把房屋打扫得干干净净，干净明亮的厨房同时也是起居室和餐厅。他们会在屋里屋外一遍遍不厌其烦地擦洗，有时甚至连家附近的街道都要顺带擦洗，有些城镇的人连大街都擦洗得干干净净。荷兰人的奶牛棚常常和房屋连在一起，被打扫得和屋子一样

干净，窗户上还挂着窗帘，有专门的挂钩，挤奶时用它来勾起奶牛的尾巴。荷兰气候非常潮湿，很多当地人都穿着木头做的鞋子，进屋前将鞋脱在门外。在荷兰的一些乡村，男人穿着和枕套一样宽大的裤子，女性则穿着肥大的短裙，戴着白色的帽子。然而，在大城市，人们的穿着和我们差不多。

在荷兰语中，“丹”的意思就是堤坝，由于荷兰有很多堤坝，许多城镇的名字都以“丹”结尾。阿姆斯特丹和鹿特丹就是荷兰最大的两个城市。

阿姆斯特丹是钻石之城，但钻石并非产于荷兰，而是从非洲运来的。钻石矿刚从非洲矿山中开采出来时，看起来一点都不像钻石，而像鹅卵石，你看到时完全想象不到这样的石头居然可以变成钻石。但是，在阿姆斯特丹的工厂内，这些矿石能变成闪闪发光的钻石。钻石是世界上最坚硬的东西，你不能用钢制的工具切割，或是用碎石机弄碎钻石，用砂纸或锉刀也无法在钻石上留下刮痕，只有用钻石做的工具才能切割钻石。在阿姆斯特丹，工人会用钻石做的工具打磨钻石，将原始钻石制作成多面的成形钻石，刚成形的钻石浑身落满了钻石粉末。

第 30 章 西班牙城堡

童年时，我常常幻想长大后会有很多钱，可以住在豪华的房子中，阁楼上有健身房，地窖里有宠物房，客厅里摆满奇珍异宝，餐厅里安装着一个苏打水饮用喷泉。每当我这样幻想时，妈妈就会说那是我的“西班牙城堡”①。于是，我就问她西班牙城堡是什么样的，她每次的回答都是：“你能想到的最好的房子。”

后来我才知道，原来世界上真有个国家叫西班牙，那里现在还有许多城堡。

欧洲地图就像一个“谜图”，你把它转过来看就会发现，欧洲版图像一个矮小的老妇人，大头、驼背，伸出一条长长的腿，把一个足球踢到海洋中。老妇人的头是西班牙，戴着的帽子是一个叫葡萄牙的国家，她的衣领是比利牛斯山脉，衣领下面是法国。

西班牙不仅在版图上看起来像欧洲的头，而且曾经有一段时间真的是欧洲的“首领”，当时西班牙在欧洲占有了大片的土地。哥

① 英语中“castles in Spain”的字面意思是西班牙城堡，也有“空中楼阁”“白日梦”的意思。

伦布发现美洲大陆后，西班牙不仅是欧洲的“首领”，还成了全世界的“首领”。当时的西班牙拥有北美的大片土地和除巴西之外的整个南美洲，是世界上最强大的国家。但现在就连老妇人“头”的那一块区域都不完全属于西班牙了。从地图上看，西班牙像在和非洲碰鼻子，颇似两个野蛮人一见了面要碰碰鼻子一样。这个西班牙的“鼻子”叫“直布罗陀”，归英国所有。

直布罗陀从地图上看像个鼻子，如果你坐船从地中海沿直布罗陀出去，就会发现，直布罗陀地区到处是高耸入云的岩壁。直布罗陀和非洲之间的海峡就叫直布罗陀海峡，它的宽度大约有20公里，只有多佛尔海峡的一半，但来自大西洋的强劲海流涌进涌出，波涛汹涌，直到最近才有人能游泳横渡直布罗陀海峡。在直布罗陀山里，英国人开凿了过道、房间和窗户，窗口放置了远程步枪，还派驻了士兵在那里监视海面，在战争时期，任何人未经英国同意而经过水闸，英国士兵就会开枪射击。

很早以前，地中海沿岸的人一直以为地中海几乎就是整个世界了。那时的海员认为，船只只要穿过直布罗陀海峡进入大洋，就会非常危险。于是他们就在海峡两边立起了柱子，像我们的门柱一样，在柱子上挂上警示牌，牌上写着“前面已没有路”，提醒船只不要穿过海峡。这些柱子叫“赫拉克勒斯柱”。那时人们认为，只要越过赫拉克勒斯柱，很快就会到海洋尽头，它下面是无底的深渊，连船带人都会掉下去。哥伦布不相信这种愚蠢的说法，毫无畏惧地乘船从西班牙出发了。他当时在赫拉克勒斯柱外的一个叫帕洛斯（历史上曾属西班牙，现属古巴）的地方出发，在海洋上一直航行，直到抵达美洲大陆。

在哥伦布于西班牙起航前，摩尔人居住在西班牙。摩尔人是从非洲来西班牙定居的。与欧洲人不同，摩尔人不信耶稣，信奉的是一个叫穆罕默德的人，信奉一个叫安拉的神。摩尔人建造了许多漂亮的宫殿，但是与基督教徒建造的宫殿不同，摩尔人的王子就住在其中一座宫殿里。这座宫殿叫“阿尔汗布拉宫”，位于格拉纳达城的山上，离直布罗陀不远。

西班牙的基督教徒不喜欢摩尔人，常与摩尔人交战，最终将摩尔人从西班牙赶回了非洲。西班牙女王在阿尔汗布拉宫接见了哥伦布，为他送行，希望哥伦布能找到新大陆。阿尔汗布拉宫现在还在格拉纳达城的山上，西班牙人一直都维持着宫殿原貌，供游客参观。宫殿墙壁没有粉刷或油漆，而是贴着彩色的瓷砖；门道不是方的，而是马蹄形的；庭院中有美丽的喷泉和浴池，以前摩尔公主就在这个浴池里沐浴。

西班牙有个城市叫“塞维利亚”，那里有一个大教堂，是世界第二大教堂。这是个基督教教堂，建造于摩尔人被逐出西班牙之后，就建在摩尔人教堂的原址上。哥伦布的骨灰据说就埋葬在这座教堂里，但我前面就说过，其实那根本不是哥伦布的骨灰，而是他儿子的骨灰。哥伦布的骨灰其实还在海地。

摩尔妇女过去常常用面纱遮脸，不戴面纱就不能外出。西班牙妇女现在也戴面纱，不过是当帽子戴，有的面纱是用蕾丝做的，非常漂亮，可价格也很贵。她们还会在头发上别一把又大又长的梳子，肩上披着彩色的丝绸披肩，夏天拿着漂亮的扇子。塞维利亚的夏天很热，中午人们尽量不外出。在美国，我们的小孩中午都会睡午觉，而在西班牙，大人中午也睡午觉。

第31章 西班牙城堡（续）

小时候，我曾翻过栅栏，跑到了一块田里，还没等我反应过来，就有一头公牛朝我冲过来，吓得我撒腿就跑，拼命从栅栏上翻了出来，幸亏没被公牛角顶到。我觉得公牛一点都不好玩。但在西班牙，每逢周末和节假日，人们就会成群结队地到露天的斗牛场观看斗牛。

斗牛场中间有一块围着栅栏的沙地，人们就坐在栅栏外的座位上观看斗牛。场地边有一扇门，一头健壮、凶悍的公牛冲进场地，一名斗牛士手中拿着红色斗篷，在公牛面前不断挥舞。公牛一见到红色就会变得愤怒，低下头，冲向斗篷。眼看牛角快顶到斗牛士了，斗牛士敏捷地往旁边一闪，愤怒的公牛转身却没那么快，只能眼睁睁地看着斗牛士跳开。斗牛士就这样一遍又一遍地逗弄公牛，就像猫玩老鼠一样。最后，斗牛士会抽出一把长剑，猛地刺向公牛，把公牛刺死。你会觉得这样很残忍，是吧？西班牙人却不这么认为。他们纯粹就是为了杀牛吃肉，他们还要体验杀牛中的乐趣。

斗牛士必须非常勇敢，而且有技巧，不能在沙地上滑倒，否则就

无法避开公牛，会死在牛角下。在美国，几乎每个城镇都有棒球场或棒球馆，棒球是美国的全民运动。而西班牙几乎每个城镇都有斗牛场，斗牛是西班牙的全民运动，那里的小男孩甚至也喜欢玩斗牛的游戏，一个人扮公牛，另一个扮斗牛士。

几乎每个国家都有人们最喜爱的运动，西班牙的女孩不喜欢跳绳，而喜欢跳舞。她们一边用手打着响板，一边跳舞，有时还伴着歌唱。那种响板看起来很像大的栗子。在我们的孩子们玩跳绳或“跳房子”游戏的地方——便道、公园、广场等——西班牙女孩会跳双人或是四人的舞蹈。即使在塞维利亚大教堂，在一些宗教节日里，唱诗班的男孩也会在圣坛前拿着响板跳舞，世界上也只有在西班牙才能看到有人在教堂里跳舞。

西班牙的房子没有前院，没有后院，也没有旁边的院子。西班牙人的院子是在中间的，周围建造一圈房间。这样的院子叫作“天井”，天井通常作为起居室或餐厅。

你在西班牙坐火车时，可能会看到窗外有一种非常奇怪的树木，这种树和美国的树完全不同，那就是塞子木。我们平时用的瓶塞不是像浆果或桃子一样长在树上的，而是用一种橡树的树皮制作而成的。人们把大块的树皮砍下来，做成大大小小的塞子，塞子木又会长出新的树皮。通常需要九年的时间，新的树皮才能再次被用来做塞子，所以你家里的塞子年龄可能和你差不多哦，有的可能比你还大呢。

塞子木的树龄很长，通常比人的寿命还长。西班牙还有一种树，树龄更长，据说可以活 1000 年，那就是橄榄树。橄榄树的果实就是橄榄，橄榄看起来像绿色的小樱桃。早在《圣经》时代很久以前，人们就把橄榄当作食物了，不过还是有很多人不习惯橄榄的味道。橄榄还能压榨成橄榄油，拌沙拉时橄榄油可以当调料，是最佳的食用油。西班牙人一般都吃橄榄油，不吃黄油。他们还用橄榄生产出“卡斯提尔肥皂”，那是一种很纯正的橄榄皂，你可能用过这种肥皂。

古时候，比赛获胜者都会头戴橄榄枝做成的花环。战争年代，传递和平信息的信使会随身携带一枝橄榄枝。后来，橄榄枝就成了和平的象征。在西班牙的部分地区，假如你坐一整天火车，会看到窗外都是橄榄树。有时你甚至会想，那么多橄榄树有什么用呢？当然有用啦，西班牙人根本就离不开橄榄，就像我们离不开面包、黄油、蔬菜和肉类一样。除了自己食用，西班牙每年还向世界上不种植橄榄树的国家出口大量的橄榄和橄榄油。

在我们前面提到的像巴黎一样漂亮的城市中，西班牙的首都就是其中一个。西班牙的首都差不多位于整个国家的中心，叫马德里。旧马德里的街道狭窄，房屋矮小。新马德里拥有宽阔的林荫大道和宏伟美观的建筑。如果不是听到人们讲西班牙语，你会觉得自己是在巴黎或者纽约。以前西班牙人老爱说“明天吧，明天吧”，能拖的事情就尽量拖。现在西班牙人的习惯改变了，能当天完成的事就尽量不拖到第二天。在马德里，如果你告诉当地人你是美洲人，他们会以为你是南美洲人①，是讲西班牙语的。因为对西班牙人而言，“美洲”指的就

① 英语“America”（美国）一词也表示“美洲”“北美洲”“南美洲”。

是“南美洲”。很多西班牙人在南美洲发财后，都会回到马德里，马德里的房子才是他们的“西班牙城堡”——才是他们心目中最理想的房子。

有时，两兄弟各自成家后仍然住在同一个房屋，这样一不小心就会吵架，如果两家人分开住，关系反而会好一些。葡萄牙和西班牙就像是一个家庭里的两兄弟。两国人民说的语言很像，生活方式和其他许多方面也都很像。两国曾经尝试过联合在一起，但没有成功。葡萄牙人和西班牙人都喜欢唱歌跳舞，都种植塞子木和橄榄树，都喜欢斗牛。不同的是，葡萄牙人不会杀死公牛，斗牛的时候会把牛角包起来，斗牛士也不容易受伤。

第32章
高处的国度

欧洲地势最低的国家是荷兰。

欧洲地势最高的国家是瑞士。

荷兰几乎连低矮的山丘都没有，整个国家平坦得像个球场。

瑞士也没有低矮的山丘，那里的山都是高大的山脉。瑞士拥有西欧最高的山峰，山顶一年四季白雪皑皑，那就是著名的阿尔卑斯山脉。

如果甜甜圈没有中间的洞，就不叫甜甜圈了。同样的道理，如果没有山谷，就没有连绵起伏的山脉。瑞士山脉的山顶常年白雪皑皑，但山谷却满是绿色。奶牛戴着叮当响的铃儿在田野里吃草。融化的雪水从山顶流下，形成漂亮的瀑布和潺潺的溪流。

你有没有看到过屋顶的积雪突然成片滑下来，全部掉到地上？这样的现象叫雪崩。想象一下，如果屋顶换成1.6公里长的山坡，山坡上的积雪突然全部滑到山谷里，那有多危险啊！瑞士就会发生这样的雪崩，严重的雪崩会埋住山谷中的居民和房子，有时甚至会埋没整个村庄。

有些又长又宽的山谷中满是积雪，积雪全部变成了冰，就像一条河从河面到河底全都冻结了。这些山谷中的冰叫冰川。大的冰川像大江大河一样也有名称。

荷兰大部分河流的源头都是泉水，而瑞士大部分河流的源头都是冰川融化的水。在瑞士，最大的一个冰川叫“罗纳冰川”。你还记不记得前面我们提到过一条河叫“罗纳河”？“罗纳冰川”和“罗纳河”有关系。罗纳冰川底部（颇似一个冰洞）融化的水形成小溪，小溪一路汩汩流下，越来越宽阔，到达山谷后，又有其他冰雪融化的溪流

加入，最后形成宽大的河流，这就是罗纳河。罗纳河最后流入一个非常宽阔的山谷，形成瑞士最大的湖泊“日内瓦湖”。

罗纳河从日内瓦湖的另一侧流出，流经法国的里昂，流经我们前面提到过的桑树林、养蚕农场和丝绸工厂，最后汇入地中海。

欧洲还有一条河的名字和罗纳河（Rhone）有点像，除了一个字母不一样，就是著名的莱茵河（Rhine）。莱茵河的源头也是冰川融化的水，它经过法国和德国之间的山谷向北流去，流经荷兰，最终汇入北海。

全世界有许多人都认为登山是一项很好的运动。山峰越高，攀

登越有难度，过程越危险，人们就越喜欢去攀登。阿尔卑斯山脉最高的山峰是白山，白山的一部分位于瑞士，顶峰位于法国。每年夏天，都有很多人去攀登阿尔卑斯山脉的白山和其他山峰。登山者登山时会借助棍子，棍子末端钉着钉子，他们穿的鞋子底部有平头钉，不会让人在冰雪上打滑。他们还会请熟悉路线的导游带路，一队人绑在一起，一旦有人要滑下山脊，其他人就可以把他拽回来。但每年夏天还是会有很多人在登山时丧生，有人突然滑倒摔伤致死，有人遭遇雪崩被雪活埋。

瑞士最难攀登的山峰看上去像一个巨大的尖角，叫“马特峰”。只有登山经验非常丰富且非常勇敢的人才敢攀登这座山峰。其实冒着生命危险爬上峰顶，也只能眺望一下山下的景色。很多人攀登这座山的原因很简单，只是为了证明自己“可以做到”。

很多人去瑞士并不是为了爬山，而是为了欣赏白雪皑皑的山脉。只要附近有山峰、瀑布和其他的美景，瑞士人就会建造酒店，供游客居住。整个瑞士有几千家酒店，瑞士人主要的生意似乎就是打理酒店，他们也的确经营得非常好。据说瑞士的酒店业是全世界最发达的。当然，瑞士还有很多有名的东西：瑞士牛奶巧克力，你可能已经吃过了；瑞士奶酪，中间有大大的洞，你可能也吃过；瑞士手表和军刀；瑞士木雕；还有有趣的布谷鸟自鸣钟、牛颈铃和音乐盒。

大部分国家都有陆军和海军用来保护国家的安全。瑞士是少数几个没有海岸线的国家之一，所以它没有海军。其实瑞士也不需要军队，高大的山脉就像天然的屏障，能阻挡敌人来犯。两次世界大战，瑞士周边的国家都参与了战争，唯独瑞士没有参战。

瑞士与三个国家接壤，这三个国家分别是法国、德国和意大利。瑞士人没有自己的语言，和意大利接壤的地区说意大利语，和德国接壤的地区说德语，和法国接壤的地区就说法语，所以很多瑞士人同时会说这三种语言。

虽然瑞士有很多高山，但生活在瑞士或在瑞士旅游，都不必翻山越岭。瑞士的高山之间也有地势较低的地方，不过即使是地势较低的地方，也不低于1.6千米。这些地势较低的地方叫山口，瑞士有个山口叫“辛普朗山口”。我前面提到过法国的将军拿破仑，就曾经率领军队，从辛普朗山口进入意大利。现在我们进山容易多了，因为很多地方都修建了长长的隧道。

其中最长的一条隧道是“圣哥达隧道”。人们挖掘这条隧道时，从山的两侧分头挖，最后在中间相遇。隧道完成后，很多人都觉得很神奇，两边的隧道都有几公里长，又是分开挖的，居然能在中间会合。建造隧道的工人却说：“这一点儿也不神奇，如果两头碰不到一块才奇怪呢！我们又不是鼹鼠，胡乱挖地道。我们在挖之前就计算好了一切，当然能在中间会合啦！”

全世界最长的隧道位于辛普朗山口下，全长超过20公里，一端是瑞士，另一端是意大利。我曾经坐火车通过这个山口，也徒步穿越过。坐火车只用了16分钟，徒步却花了我两天的时间。

快到辛普朗山口顶上的地方有一个救济院，救济院中住着修道士。我当时经过辛普朗山口时，就是在那个救济院过的夜。人们之所以在

那里修建救济院，那里之所以住着修道士，就是为了给旅途中的人提供一些方便，遇上暴风雪时可以进去避一避。

现在乘车走隧道，既方便又安全，很少有人再往山口上走了。但在隧道建成之前，人们只能通过山口从意大利去往瑞士，而且必须夜以继日地赶路。无论是夏天还是冬天，那里都很容易发生暴风雪，旅行者很容易迷路，有的甚至被冻死。那些住在救济院中的善良的修道士，可以说是那里的救死扶伤者。他们在山间通道旁建造了很多小屋，还养了高大、强壮又聪明的圣伯纳德犬，他们精心训练圣伯纳德犬，一旦发生暴风雪，就让圣伯纳德犬从救济院出发，寻找迷路

或被埋入雪中的旅行者。圣伯纳德犬的颈环上会系一个小桶，桶里面装着面包和酒。圣伯纳德犬的嗅觉非常灵敏，它能凭嗅觉发现深埋在雪中的人，把人拉出来，并摇醒昏迷的人，让他恢复知觉，然后把他拖到最近的小屋。被救出的人可以吃小桶里的食物，等到暴风雪过去再继续上路。无论是富人还是穷人，无论是贤者还是恶人，所有人都能在这里过夜，并能获得食物，还能得到很好的招待。救济院的主人不会问东问西，也不会收钱。

你有没有听过威廉·泰尔的故事呢？瑞士有许多湖泊，最漂亮的要数卢塞恩湖，卢塞恩湖被称作“光明之湖”。有一座小教堂位于卢塞恩湖旁边，据说威廉·泰尔当年就是在那里从儿子头顶射下苹果的[①]。

① 七百年前，瑞士为奥地利所统治。一天，统治者为了羞辱瑞士人，将自己的帽子挂在一根柱子上，要来往的瑞士人民向它鞠躬。帽子象征着奥地利的统治，向它鞠躬则代表了对统治者的屈服。那天，威廉·泰尔和他儿子正好经过那个小镇，他趾高气扬地经过那根柱子，完全不低头。奥地利人因此逮捕了他。统治者久仰威廉·泰尔的箭术，于是就让威廉·泰尔二选一：入狱，或是在百步之外射穿摆在他儿子头上的苹果。威廉·泰尔毫不犹豫地拿出了两支箭。第一支箭，他将儿子头上的苹果射成两半。统治者问他第二支箭要做什么，他说：“如果第一支箭没射准，反而射到了我儿子，我就用第二支箭射穿你的心脏。”统治者大怒，命令将威廉·泰尔终身监禁。然而，运送威廉·泰尔到监狱的船遇到了暴风雨，船员知道威廉·泰尔精于驾船，就哀求他帮忙。他将船安全地驾到了岸边，一上岸便逃走了。他逃脱之后，就在统治者经常出入的地方埋伏，准备等统治者一出现，就一箭将他射死。这事马上传播开来，威廉·泰尔因此成了瑞士的英雄。因为他的事迹，瑞士人团结起来，终于从奥地利的统治下获得了自由。

第33章
“靴子”国家

你有没有听过这样一句话：有个老妇人，住在靴子中，孩子一大堆，不知怎么办，只能喊头痛。欧洲还真有一只“靴子”，里面住着很多很多大人和小孩，那就是意大利。从地图上看，意大利很像一只靴子。这只“靴子”已经住不下那么多人了，有的意大利人就跑到了美洲。最早跑过去的就是克里斯托弗·哥伦布。你可能会觉得奇怪：哥伦布不是从西班牙出发的吗？怎么又说他是意大利的呢？哥伦布其实出生在意大利，出生在“靴子”顶部一个叫“热那亚”的城市。在那里，他的故居现在还有一部分被保留着，热那亚火车站外还竖立着他的雕像。许多船只现在也从热那亚开往美洲大陆，只是现在的船员对航线已经了如指掌，而那时的哥伦布则完全靠自己探索。

“靴子”顶部的另一端还有一个著名的城市，这座城市不在水边，不在水上，而在水里。整个城市建在许多小岛上，街道上都是水，水上有大大小小的桥，它就是威尼斯。充满水的街道就是运河，其中有一条非常宽阔的运河叫“大运河”。人们出行都坐船，而不是开汽车或坐马车。当地的船被漆成黑色，中间有个小船舱，像封闭的小汽车，船头有一个奇怪的齿状的东西，看上去就像个立起的梳子。这样的船叫凤尾船，是意大利所特有的。凤尾船的船夫站在船舱后面，用一支橹摇着船前行。运河的十字路口没有交通指示牌，凤尾船一到十字路口，船夫就会“嗬”地喊一声，听起来有点搞笑，其他方向有船只的话，船上的船夫也会“嗬”地回应一声，这样船经过十字路口时就不会相撞了。船上没有喇叭，也没有马达的轰鸣，不会发出恼人的噪音，除了间或听到的歌声和音乐之外，可以说威尼斯是一个非常安静的城市。

很久以前，当地就有很多小岛，但还没有威尼斯这个城市。一个叫威尼西亚的民族，不断受到北方蛮夷部落的侵扰，于是他们就搬到了这些小岛上，避开了蛮夷部落。威尼西亚人用不易腐烂的雪松木做成柱子，在柱子上造房子。他们平时主要吃鱼，只要在门外放根鱼竿或撒张渔网，就能捕到很多鱼。因为鱼多得吃不完，威尼西亚人就将海水晒干，得到盐后用来腌鱼，这样鱼就能存放较长时间了。

威尼西亚人一直住在水上，是非常出色的水手。他们航海的身影遍布地中海的每个角落，他们将鱼和盐卖到其他国家，换回丝绸长袍、毛毯和珠宝。欧洲其他地方的人们就到威尼斯购买这些好东西，于是威尼斯发展成为欧洲最大的市场和购物天堂。有了威尼斯后，威尼西亚人就叫威尼斯人了。他们变得越来越富裕，在运河旁边建造了许多辉煌的宫殿。威尼斯人相信是一位叫圣马可的圣人给他们和他们的城市带来了好运，就建造了一个气势恢宏的教堂用来纪念圣马可。他们还找到了圣马可的遗骨，将他埋在教堂的圣坛下面。圣马可教堂的外观和前面我们讲过的所有教堂都不一样，它有五个圆顶，四边各有一个，中间有一个大圆顶。这些圆顶和圣保罗教堂以及美国国会大厦的圆顶不同，圣马可教堂的圆顶形状像颗葱头。

我们平时见过的画一般都是用颜料画的，你有没有见过不用颜料画的画呢？在圣马可教堂就能看到哦！教堂的里里外外有成千幅画，它们都不是用颜料画的，而是用彩色石头、黄金和彩色玻璃一点点砌起来的。这样的画就叫马赛克，它不会像颜料画那样容易褪色或从墙上脱落，也不会被水洗掉。

你家里可能养了条小狗当宠物吧？人们认为圣马可是把狮子当宠物养的，所以就在教堂外门前的圆柱顶上摆放了一头长翅膀的狮子铜

像。教堂的门上方还有四匹青铜马，这四匹马是耶稣在世时制作的，随着统治者不断更换，这四匹青铜马便随着不同的统治者从一个地方转换到另一个地方，可最终又回到了威尼斯。

威尼斯最大的空地就是圣马可教堂前的广场，广场上有成群的鸽子，这些鸽子非常温顺，会停在你的手上，或肩上，或脚下，等着你喂它们东西吃，人们把自己的这些有趣的场景拍摄下来，留作纪念。据说很久以前，有一只信鸽送来了战争情报，才让威尼斯免受敌人的袭击，挽救了整个城市。从那以后，威尼斯人就开始善待鸽子，伤害鸽子的人可能会被拘捕，严重的甚至会被判刑。你有没有听说过“美洲大陆是由一只鸽子发现的”这种说法？不是假的哦，意大利语中“哥伦布”就是鸽子的意思，所以说美洲大陆是鸽子发现的还真没错呢！

威尼斯现在是一个城市，但曾经它是一个独立的小国，用自己的货币，有自己的统治者，叫总督。总督相当于一个国家的总统，可以像国王一样住在宫殿中，也可以像法官一样惩罚做坏事的人。总督府的河道对面是监狱，中间连着一座桥，做了坏事的人被判刑后，就直接从桥上被带到监狱。很多犯人在桥上都会叹息抱怨，所以这座桥后来被称作“叹息桥”。

威尼斯“大运河”上有一座桥叫“里亚尔托桥”。桥上两旁商店林立，如果说威尼斯是欧洲的购物中心，那么里亚尔托桥就是购物中心里的百货商店，各种各样的商品应有尽有。著名的英国作家威廉·莎士比亚写过一部戏剧《威尼斯商人》，著作里面有个人就在里亚尔托桥上开店。

威尼斯人最初是依靠鱼和盐这两样最普通的东西谋生、致富的。让威尼斯人致富的另一样东西也极普通，你猜猜是什么呢？就是沙子。沙子似乎是很不值钱的东西，但威尼斯人发现将当地的沙子放在熔炉中熔化可以制成玻璃。他们还发现，熔化了的玻璃可以吹成各种形状的东西，就像我们吹泡泡一样。他们用熔化的玻璃吹出了各种各样的瓶子，如花瓶、珠子和酒杯。玻璃吹制工匠也能像著名的画家和音乐家一样，成为非常有名的艺术家，而且还能赚很多钱。著名玻璃吹制工匠的玻璃制品很受人们的喜爱，而且价格不菲。在威尼斯，玻璃吹制工匠的地位非常高，其中一位玻璃吹制工匠还当过总督。玻璃吹制工匠的女儿有时候还会嫁给王子。

威尼斯现在只是意大利的一个城市，世界各地的人们都会去那里旅游，参观圣马可教堂和总督的宫殿，享受附近著名的丽都海滩，在运河上搭乘凤尾船，在和暖的夜晚聆听音乐家们的美妙歌声和琴声。几乎每个女孩都希望将来能去威尼斯度蜜月。

曾经有个美国女孩从威尼斯寄回一张明信片，上面写着："我在威尼斯哦，这里实在太棒啦！金碧辉煌的宫殿、灿烂炫目的落日和美妙动听的音乐，我正坐在凤尾船上，徜徉在运河上，陶醉在这一切当中。"

意大利这只"靴子"躺在地中海中，可是与"靴子"顶部的威尼斯相邻的部分海域却被叫作亚得里亚海。威尼斯非常美丽，常被称作"亚得里亚海上的女王"，那真是个神奇的地方，它的名声和财富居然来自它的渔业、盐业、沙子和平底船。

第34章
含苞待放的佛罗伦萨

有一条山脉从南到北横贯整个意大利，就像海怪的脊背，这条山脉就是亚平宁山脉。要从意大利的东部到西部，必须越过亚平宁山脉，而火车就能做到这一点。亚平宁山脉有许多隧道，从威尼斯穿过亚平宁山脉到佛罗伦萨一共要经过45个隧道。

佛罗伦萨原本是个女孩的名字，意思是“含苞待放”。当火车在佛罗伦萨蜿蜒行进、快要到城市的中央时，你可以越过市区里的屋顶，看到一个巨大的圆顶，形状颇似火车车轮的轮毂，圆顶旁边是一个高大的方形塔楼。圆顶和塔楼都是哥伦布出生前建造的。圆顶看上去很像圣保罗教堂的圆顶，但这个圆顶的建造时间最早，我们应该说圣保罗教堂的圆顶像这个巨大的圆顶。事实上，除了圣保罗教堂的圆顶，华盛顿国会大厦的圆顶和世界上其他同类型的圆顶都是仿照这个圆顶建造的。

很久以前，人们建造的都是小小的圆顶或平平的圆顶，后来佛罗伦萨人建造大教堂时，想要建造一个与众不同的圆顶，要比其他圆顶更大更漂亮。他们希望建造一个巨大的圆顶，让后人无法琢磨出是怎样建成的。圆顶通常都是用石头砌的，它的下面是空的，没有任何支柱，就像拱桥和拱门一样。水泥无法将石块固定住，人们会先用木结构撑住上面的石块，等到所有石块都各就各位，再把木头结构拿走，石块相互契合，变得严丝合缝，就不会掉下来了。这就像你们放学的时候，如果所有小朋友都往门外挤，大家就只能挤在一起，谁都出不去。

佛罗伦萨大教堂的圆顶实在太大了，当时没人知道应该怎样建造。如果用木结构的话，需要砍掉整片森林的树木，才能做成足够大的木

结构。有人还想出了奇怪的方法："我们堆一座土山吧，土里埋很多很多硬币，然后把圆顶建在土山上。等到圆顶建造完成后，可以让人们自由地去取土里的硬币，人们肯定会把所有土都挖出来的，这样就只剩下圆顶啦！"不过，这种笨办法从来没有人尝试过。

后来，有两位相互较劲的艺术家（也是建筑师）都说自己知道怎样建造这个圆顶。其中一位叫布鲁涅列斯基，我们就简称"布先生"。另一位叫吉贝尔蒂，我们就简称"吉先生"。两人一直是竞争对手，都不愿告诉对方自己打算如何建造这个圆顶。当时，布先生接到了这个任务，吉先生只是充当助手。吉先生当然很不乐意，一直对人说布先生根本不知道怎么建造圆顶，圆顶肯定无法完成。

布先生刚开始没有理会无理取闹的吉先生，专心和自己的工人不停地干着，一直干到整个圆顶就要在中间合龙（这也是整个工程最困难的部分）时，吉先生仍然在喋喋不休地说布先生的坏话，并且还取笑布先生。这时布先生真的生气了，实在受不了一直唠叨的吉先生，于是就假装自己生病，停下了工程。布先生一直待在家里，工作无法继续。吉先生趁机又开始说布先生的坏话："他根本就没病，只是装病罢了，就像不想上学的小男孩，都会撒谎说自己生病。其实啊，他是不知道该怎么往下干了。"不少佛罗伦萨人来到布先生家里，恳请布先生继续造圆顶。

"我病了，"布先生说，"吉先生不是说自己很擅长造圆顶吗？就让他造吧！"

于是人们就找到吉先生，请他试一试。吉先生兴致勃勃地想继续完成工程，但有了一点点进展后，就再也进行不下去了。

最后，人们又来到布先生家里，再次恳求布先生。

“让我继续做，没有问题，只要吉先生不再叨叨就行。”布先生提出了条件。在人们的关注下，吉先生不敢再说布先生的坏话，于是布先生接着做下去，最终完成了全世界第一个这样的圆顶，也是世界上同类圆顶中最漂亮的一个。迄今为止，还没人知道他究竟是怎么完成的。

在建造圆顶的比赛中，吉贝尔蒂输得一败涂地，但他却是一位非常出色的雕塑家。佛罗伦萨大教堂对面有一栋低矮的六面建筑，叫“佛罗伦萨洗礼堂”（孩子们在这里接受洗礼），洗礼堂的门都是用青铜做的，吉贝尔蒂根据《圣经》的故事，在门上雕刻了许多栩栩如生的人物和场景。其中一幅画的是亚伯拉罕按照上帝的旨意，正准备在圣坛上用自己的儿子献祭。

“这些门好漂亮啊，都可以做天堂之门了。”佛罗伦萨另一位艺术家看到时说。这位赞不绝口的艺术家就是著名的米开朗琪罗，米开朗琪罗和哥伦布是同一时代的人，两个人都生活在意大利。哥伦布其实很少待在意大利，大部分时间都在外面航海。米开朗琪罗却一辈子都没离开过意大利，还创作了许多漂亮的素描、油画和雕塑。那个时代的艺术家能够从事各种艺术工作，从制作项链到修建教堂，从创作油画到进行雕塑，样样精通。

有一天，米开朗琪罗捡到一块被人丢弃的大理石，因为大理石上有一条裂缝。他觉得那块大理石很像年轻大卫的身形，于是就开始用凿子不断雕刻，最终把这个年轻牧羊人的形象雕刻了出来。佛罗伦萨有两座巨大的大卫雕像仿制品，比真人高出好几倍。世界各地有许多大大小小的大卫雕像仿制品，也许你家里也有一个呢。

漂亮的艺术作品通常都会收藏在原本是宫殿的建筑中，佛罗伦萨的宫殿看起来更像是监狱，很多宫殿都是为了防止外人进入才建造的。以前富裕的家族就住在这些宫殿里，他们彼此之间根本无法和睦相处，经常吵架、械斗，所以宫殿都建造得像要塞一样坚固。

佛罗伦萨没有威尼斯那样的运河，但有一条河，叫“阿诺河”，河上有几座桥。其中一座桥叫“维奇奥桥”，意思是“古老的桥”，和威尼斯的里亚尔托桥一样，它的两旁同样商店林立。很多商店都出售用银、马赛克、皮革和龟壳制作的装饰品和纪念品。以前的佛罗伦萨人制作了许多大型的艺术作品，现在的佛罗伦萨人则制作一些小艺术品，卖给成千上万前往佛罗伦萨的游人。

我们都知道，塔通常都是笔直的。离佛罗伦萨不远处有个叫比萨

的城市，城里有一座很奇怪的塔，是倾斜的，那就是著名的比萨斜塔。其实比萨斜塔建成时是笔直的，只是后来塔基向一边塌陷，铁塔就开始倾斜，看上去像要倒下来似的。比萨斜塔已经站立了几百年，一直在慢慢地倾斜，如果继续倾斜的话，将来有一天真的会倒下来。

你还记得前面我说过海洋动物的骨骼可以变成大理石吗？大理石的质地各不相同，有的很粗糙，甚至可以看到里面的骨头。比萨附近有一种石头矿，叫露天矿，它能开采出细腻光滑的大理石。这种大理石根据出产地命名，叫卡拉拉大理石。从耶稣时代起，人们就一直从那里开采大理石，意大利其他地区和世界其他国家的人要是想用优质的大理石建房，或是做壁炉台，或是进行雕塑的话，都会采购卡拉拉大理石。

第 35 章

死了却又活着的城市

两千多年以前，无论你从世界上哪条路出发，一直不停地走，都能到达意大利一个叫罗马的伟大城市，后来就有了“条条大路通罗马”的说法。那时的罗马是全世界最大、最富裕、最漂亮，也是最重要的城市，它是整个世界的首都。

罗马建在七座山上，那时候，“7”是个吉祥的数字。有一条叫

作台伯的河流经罗马。罗马人认为台伯河的河水是由一个叫台伯的神掌控着的，他们向他祈祷，祈求他不要发洪水，不要吞没船只和房屋。

曾经的古罗马已经消失不见了，如今我们只能见到一些遗迹，但有人说罗马是永恒的。古罗马逝去了，新罗马又开始成长起来，当然，罗马现在只是意大利的首都，不再是全世界的首都了。

可罗马仍然是全世界罗马天主教会的中心，那里住着全世界罗马天主教会的首领。这位首领叫作“罗马教皇”，“教皇”是“父亲”的意思。

人们认为圣彼得被钉在十字架上处死后，遗骨埋在了罗马。据说圣彼得死后，埋葬他的地方每天都会举行一次宗教仪式，直到今天都是如此，已经有 1900 多年了。最初，这种宗教仪式只能在晚上偷偷进行，因为大部分罗马人不信奉基督教。任何举行宗教仪式的人，一旦被抓到，就会被关进监狱甚至处以死刑。可是，就是在这个地方，几百年后人们建起了全世界最大的教堂——圣彼得教堂。

圣彼得教堂有一个巨大的圆顶，是仿照意大利佛罗伦萨的建筑师布鲁涅列斯基建造的圆顶修建的，但比那个圆顶更大。这个教堂是由伟大的艺术家米开朗琪罗设计的，就像我前面提到过的，米开朗琪罗是建筑师，又是雕塑家和画家。圣彼得教堂非常大，在它的房顶上建

有许多房子，里面住着看管教堂的人。

圣彼得教堂的前门从来都不关，前门右边有一扇青铜门，25年才开一次。这扇门被称作“圣门”，由石墙围着，每隔25年，推倒石墙，青铜门才打开一次。

圣彼得教堂中能同时进行三十场宗教仪式，而相互并不干扰。为了与高大的建筑相称，教堂里的许多东西都很大。天使的雕像像巨人一样大，鸽子像雄鹰一样大，只有少数雕像大小与实物相仿，其中一个就是圣彼得的青铜像。全世界的天主教徒来到教堂，都会亲吻圣彼得铜像的双脚，每年来这里的教徒不计其数，圣彼得的脚趾已经被亲吻了无数遍。

每逢复活节和其他宗教庆典，圣彼得教堂的墙壁上会挂上深红色的绸布，燃起几千支蜡烛，唱诗班的男孩唱起圣歌，圣坛上的男孩点起香火，并把燃烧出的烟儿扇向高高的屋顶。几百名神父穿着漂亮的长袍，红衣主教戴着红色的帽子，穿着红色的长袍，教皇一身白衣，缓慢而庄严地沿着主通道走向高高的圣坛。圣坛下面正是1900多年前圣彼得被钉死在十字架上的地方。那时的基督徒不敢公开祭奠，以免遭到杀身之祸。

罗马教皇就住在圣彼得教堂旁的梵蒂冈宫。你家里可能有几个房间吧？有些大的房子会有十几个房间。据说梵蒂冈宫中有1000多个房间，许多大房子中收藏着著名的绘画和雕塑，成为众多游客参观的博物馆。教皇有一个私人小教堂，叫西斯廷教堂。米开朗琪罗在西斯廷教堂的天花板和墙壁上画了很多漂亮的画（在《图说极简世界艺术史》一书中，你可以看到西斯廷教堂漂亮的壁画——编者注）。如果想舒服地欣赏这些画作，你可以平躺在地板上，也可以用镜子照着看。

圣彼得出现之前，罗马人信奉许多神灵，罗马有一座为“众神”建造的教堂，叫“罗马万神庙”。罗马万神庙也有一个圆顶，但它和圣彼得教堂的圆顶形状不同。圣彼得教堂的圆顶像一个倒置的巨大杯子，罗马万神庙的圆顶则像一个倒置的巨大茶碟。罗马万神庙没有窗户，只有顶部的一个洞，像一只眼睛注视着天堂。阳光从洞口射入，雨水也从洞口落下。由于圆顶很高，洞口落下的雨水在空中就蒸发了，几乎不会打湿下面的地板。

耶稣时代的许多建筑现在都只剩下遗址了，罗马万神庙却没怎么变，和刚建成时几乎一模一样。那些古老建筑的周围都堆积了厚厚的灰尘，城市的垃圾也堆积了2000多年，现在的罗马城比那些建筑的遗址高出6米多，要看到遗址就必须把它们从尘土和垃圾堆里挖出来。

古罗马有个著名的广场，叫罗马广场。广场上有许多漂亮的宫殿、法院、寺庙和拱门。当时人们之所以建造拱门，是为了让远赴战场的将军能从拱门下凯旋而归。其中一扇拱门叫“提图斯凯旋门”，提图斯曾是罗马的皇帝，他攻占了犹太人的首都耶路撒冷，提图斯凯旋门就是为了庆祝这场胜利而建造的。另一扇拱门叫“君士坦丁凯旋门”，君士坦丁是第一位信仰基督教的罗马皇帝，罗马皇帝信仰基督教是在耶稣去世 300 多年后才开始的。

古罗马人有一种很奇怪的取乐方法。他们很喜欢看人和老虎、狮子等野兽搏斗。被迫参加搏斗的人中，有的是战争俘虏，有的是罗马皇帝要处死的基督教徒。罗马人还特地建造了一个剧场，以方便人们坐着观看人兽搏斗，就像我们观看足球赛和棒球赛一样。这个剧场就是著名的古罗马竞技场。竞技场已经有部分被毁坏，但仍然屹立在那里，你可以看到在把野兽放入竞技场之前关闭它们的地方。

在罗马人没有信仰基督教的那些年里，基督教徒是不敢公开举行基督教的仪式的，只能在地下像地窖一样的地方偷偷地进行。罗马城外就有许多这样的修建在地下的房子，它们一排挨着一排，一眼望不到头，那些基督徒生前在那里举办信仰仪式，死后也葬在那里。

第 36 章
高高的“灰堆”

我们一般都认为灰堆不太好看，是吧？如果谁家后院有个灰堆，肯定非常难看。但意大利有一个“灰堆”，高度约 1.6 千米，就在那波利城的“后院”，所有人都觉得它非常漂亮。这个“灰堆”就位于那波利海湾的旁边，当地人在海岸边建造了许多房屋和酒店，以便欣赏这个“灰堆”景观。这个大“灰堆”就是维苏威火山，其实维苏威火山并不是一座真正的山。

传说古时候有一个跛脚的铁匠住在地底下，烧着大火炉打铁，

地下冒出的浓烟、火焰和灰烬都是从那个大火炉里冒出来的。这个铁匠的名字叫法尔坎（古罗马神话中，火和冶炼的神）。于是，我们把冒浓烟和火焰的山都以法尔坎（Vulcan）的名字命名，称作volcano（火山）。

世界上很多地方都有火山，而维苏威火山是最有名的。现在我们知道神话故事是虚构的，火山确实像个地下大火炉，但没有神话人物在地下烧火。前面我介绍过，世界上有些火山是休眠火山，不会喷发，但是维苏威火山却是活火山，它像一个大烟囱，白天可以看到火山口冒出浓烟和蒸汽，晚上可以看到火山口冒出的火光，但一直以来都没什么危害。有时火势非常猛烈，碎石爆裂后形成的粉末像灰尘一样浮在空中，有时能在天上浮上好几个月，甚至会飘到离火山很远的其他国家。这里有个现象很奇怪，正是有了火山灰，落日才变得色彩绚丽。

火山火焰的温度比我们平时烧火的温度高很多。我们平时烧火最多能熔化铜和铁，熔化不了石头。但石头一碰到火山的火焰，就会像黄油，一下子就化了，变成了熔岩。熔岩从火山口流出——就像我们煮的稀饭溢出了锅沿一样——顺着山坡不断往下倾注，冷却后又重新变成石头。这样的石头被称作火山岩。那波利附近有许多火山岩，当地人用火山岩铺路。

有一次，维苏威火山爆发，我刚好在那波利。那波利的街道上铺了满满一层灰色的东西，看上去像灰色的雪，其实那是从维苏威火山飘来的烟尘。当然，烟尘不会像雪那样融化，当地人必须用车把烟尘运走，把它倒入那波利海湾。我很想看看火山里面究竟是什么样的，以前有一条铁路能通到山上，后来铁路废弃了，我只能从山脚徒步爬上去。每走一步就会陷入火山灰中，我花了半天时间才爬到山顶。从火山口往下看，火山口时不时会喷出一些石块，我必须及时躲开石块。后来喷上来的石块实在太多了，我只好迅速往山下撤。准确地说，我不是走下来，而是跳下来的。我每走一步，就会摔倒，摔在火山灰中，灰是软的，我不会受伤，这灰有时没到我的脚踝，有时没到我的腰部，甚至没到我的脖颈。我就这样连滚带爬地到了山下，在灰里打滚其实挺有趣的，就像是跳进一大堆干草中。不过，我的衣服就惨了，一点干净的地方都没有了。我爬上去用了半天时间，下来却只用了大约 10 分钟，回到住处后，我花了几个小时才把自己洗干净，衣服是彻底废掉了。

我们都知道有些小鸟会把窝搭在烟囱旁，这一点都不奇怪。但你有没有想过在一座活火山的山脚造房子呢？想想都觉得很危险，活火山随时都有可能爆发。很久以前，维苏威火山附近有一个城市叫庞贝，比那波利离火山还近。有一天，维苏威火山突然爆发了，还没等庞贝城中的人们做出任何反应，火山喷发出的岩浆和烟尘就淹没了整座城市，将所有人都埋在了下面。整个庞贝古城在地下被埋了 2000 年左右，不久之前才被挖掘出来。城中所有的房屋、寺庙和剧院都已经挖掘出来了，游客可以前往参观，漫步在 2000 年前的街道上，走进 2000 年前的商店和房屋，体验那时人们的生活。2000 年前的那些人根本不会想到，一眨眼的工夫，世界末日就降临到了这个城市。

没人知道维苏威火山何时还会像2000年前那样喷发，而那波利的人们似乎一点都不担心。他们始终快乐地在街上唱着歌，全世界很少有城市像那波利那样，能看到人们在街上唱歌。

我们在意大利的大街上可以看到很多人吹口哨，却很少看到有人唱歌，唱歌也未必就是幸福的一个标志。但在那波利城，很多人在大街上唱歌，尤其是晚上。出租车司机在唱歌，穿着破烂的街头顽童在唱歌，就连乞丐也在唱歌，而且他们唱的都是音乐会或歌剧中的歌曲。一位已经去世的伟大歌唱家曾经就是那波利街头的小顽童，后来他去了美国，我们现在还能听到他以前的唱片，他就是卡鲁索。

意大利语似乎就是为了歌曲和音乐而发明的。有人说，如果你会说意大利语，就会情不自禁想唱歌。我们现在用的很多乐谱都是用意大利语写的，上面的乐谱说明也是意大利语。意大利语中几乎每个单词都以元音结尾，也就是以a、e、i、o、u结尾。比如piano（钢琴）、cello（大提琴）、soprano（女高音）和alto（女低音）都是意大利语。甚至那波利这个词也是以元音结尾的，因为它在意大利语中叫Napoli。

“山羊”（goat）这个单词听上去并不悦耳，把它放在一首歌曲里也不会好听，可那波利海湾对面有一座岛屿，它的英文名字就叫“山羊”（goat），但在意大利语中它叫“卡普里”（Capri）。有一首歌叫《美丽的卡普里》——美丽的卡普里——美丽的山羊岛。

那波利海湾对面的卡普里岛的名字经常出现在意大利的歌曲中。

卡普里岛到处是岩石的岸边有一个海上洞穴，人们只能划船从低矮的入口进去。洞口非常低，经过时必须低下头，海浪高的时候根本进不去。这个洞叫“蓝洞”，洞里的水清澈湛蓝，会让人觉得船浮在湛蓝的天空。为什么里面的水会那么蓝呢？如果你在蓝洞装一瓶水带回家当作纪念品，你会发现瓶中的水和你浴缸里的水并没有什么两样，也是透明的。

第37章 战争与童话

虽然我们说意大利语简直就是专为音乐而诞生的语言，可德国人也像意大利人一样喜欢音乐，只是两国的音乐风格截然不同。很多德国的音乐作品声音响亮，能让人联想到宏大的战争场面，当然他们也

有温柔甜蜜的音乐。最著名的摇篮曲和圣诞颂歌都是由德国人创作的，如《圣善夜，静静的夜》。音乐性的戏剧叫歌剧，全世界最著名的歌剧很多也都是由德国人创作的。

摇篮曲和圣诞颂歌似乎很难与战争联系起来，可德国人除了喜欢音乐之外，还非常好战。你应该知道第一次世界大战和第二次世界大战吧？全世界大部分国家都参与了这两场战争，德国几乎成了其他国家共同的敌人，还差一点赢了这两场战争。

“二战”结束后，打败了德国的各国将德国分成东德和西德两部分，以防止德国再次挑起战争。东德由苏联统治，西德由美国、英国和法国共同统治①。

你喜欢童话故事还是真实的故事呢？许多世界著名的童话故事都是在德国创作的。德国人写了许多故事、诗歌、歌曲和戏剧，来描述莱茵河畔人们的生活，有虚构的童话故事，也有真实的故事。莱茵河起源于瑞士阿尔卑斯山脉的一座冰川，沿着德国西部地区朝北流淌，流经荷兰。

莱茵河两岸都是陡峭的山坡和岩石，很多年前，山上建造了许多城堡。城堡中居住着强盗贵族。他们把城堡建在山上，既能对山下的人进行抢劫，又能避开别人的偷袭。住在山谷里的穷人只能把自己种植的一些东西送给强盗，否则强盗就会从山上冲下来，抢走他们的东

---

① 1945年，德国战败投降，柏林被英、美、法、苏划分为四块占领区；1949年，西占区和苏占区分别成立了两个德意志国家，至1961年西德用铁丝网封锁了西柏林，后改为混凝土墙，即举世瞩目的“柏林墙”，切断了东、西德的往来；1989年，西德开放了边境，柏林墙倒塌；1990年，分裂达45年之久的德国终于归于统一。

西，毁掉他们的房子。由于强盗贵族的城堡非常坚固，山下的人根本无法对付他们。现在这些城堡都已经成为废墟，因为很难再爬到山上去城堡里进行修缮了，此外，也不再有人能像那些强盗贵族那样欺负穷人了。

我们都知道古龙香水是一种气味浓烈的香水，它其实也叫科隆香水。科隆是莱茵河上的一个城市，“科隆”的意思是“殖民地”，它曾经是古罗马的殖民地。科隆有一座非常著名的大教堂，叫作“科隆大教堂”。我现在住的房子用了七年时间建成，而科隆大教堂用了整整 700 年才完成！它是全世界建造时间最长的建筑。

科隆市以科隆大教堂而闻名于世，然而，柏林才是德国最著名的城市。“二战”以前，作为德国的首都，柏林是世界上最漂亮、最干净的城市之一，有整洁的林荫大道、壮观的石头建筑、漂亮的公园和雕像。“二战”结束后，柏林大部分地区都成为一片废墟，许多建筑都毁于飞机的轰炸。柏林位于由苏联统治的东德，但由苏联、美国、英国和法国共同管理。“二战”期间，苏联与其他国家共同作战，统一对付德国。但战争结束后，苏联对英美两国非常不友好，他们当时还下令，不允许统治西德的国家使用通往柏林的铁路和公路。但是柏林人非常需要生活援助，因此，美国和英国只能用飞机运送食物和煤炭，供柏林的人们使用。这样的情况日复一日一直持续了一年半的时间，最后苏联认为封锁铁路和公路也无法阻止英美两国进入柏林，于是重新打开了铁路和公路的通道。那一年半，所有物资都是通过空中从西德到达柏林的，人们就把那段时间的空运称作“柏林空运”。

在地图上，有一块从德国伸出来的地方，它外形像一个大拇指。这块地方不属于德国，它是一个叫丹麦的小国。丹麦的一侧是北海，另一侧是波罗的海。德国也与北海和波罗的海相邻，从与北海相邻的德国城市到与波罗的海相邻的德国城市，必须绕过丹麦，非常不方便。于是德国人就在“大拇指”的底部开凿了一条运河，这条运河叫“基尔运河”。

第38章
童话的国度丹麦

每次我叔叔发火时，他都会说“斯卡格拉克，卡特加特”。这初听起来怪吓人的，因为我那时还不知道斯卡格拉克和卡特加特是丹麦附近从北海通往波罗的海的两个海峡的名称。“卡特加特”的另一个意思是“猫的喉咙”，“斯卡格拉克”也是“喉咙”的意思。

丹麦主要包括两部分，其中一部分的形状像拇指，叫日德兰半岛（Jutland），据说以前有朱特人（Jutes）住在这个岛上；另一部分是日德兰半岛旁边的一个小岛，叫西兰岛（Zealand），“西兰”的意思是“海上的陆地”（Sea Land）。丹麦的首都哥本哈根就在西兰岛上，“哥本哈根”意思是“商人的海港”。以前，许多从北海前往波罗的海的商人都会将商船停靠在这里。现在，很多船只都会通过基尔运河走近路，不再走斯卡格拉克和卡特加特海峡了。哥本哈根是丹麦唯一的较大的城市。

你可能听说过丹麦大狗（Great Dane）吧？丹麦大狗就是来自丹麦的一种大狗，丹麦人也叫“Dane”。丹麦有一位非常著名的人物，你可能听过他的名字，也看过他写的故事。他写了很多童话故事，如《卖火柴的小女孩》和《丑小鸭》，你看过吧？他就是汉斯·克里斯蒂安·安徒生。丹麦人很喜欢克里斯蒂安这个名字（这个名字的意思是“基督徒”），有10位丹麦国王都叫这个名字。

但是，1000多年前，丹麦人并不信仰基督教，其中一些丹麦人是海盗，他们航海并抢劫其他国家。现在丹麦人早就不是海盗了，但仍然擅长航海，是非常出色的水手。在丹麦的部分城镇，人们如果不是水手，就是造船工人，或者是在从事和海运有关的其他工作。

很多不去航海的丹麦人都做着与黄油和鸡蛋有关的工作。他们养殖奶牛，制作黄油，养鸡下蛋，将黄油和鸡蛋出口到许多其他的国家。丹麦的鸡蛋上都印着鸡蛋的生产日期，一看就知道鸡蛋新不新鲜。丹麦生产的黄油质量很好，价格也高，所以丹麦人几乎把所有优质的黄油都出口到了其他国家，结果自己吃的都是用脂肪或油脂做的仿制黄油。

丹麦是全世界最适合居住的国家之一，丹麦的人均寿命也比世界上大多数国家的长。人们常常说，想长寿，去丹麦。

丹麦虽然是个小国，却拥有两个比自己本土面积大出10倍的岛屿。这两个岛屿位于寒冷的北部，离丹麦很远，其中一个是小岛，叫冰岛，另一个面积大，叫格陵兰岛。现在冰岛已经是一个独立的国家了，可格陵兰岛仍然属于丹麦。很多人都不明白：为什么丹麦会要这两个奇怪的岛屿呢？冰岛有许多火山和温泉，我们都知道冰火是不相容的，这个岛的名字居然叫“冰岛”。格陵兰岛却真的是被冰雪覆盖着的，我觉得冰岛应该叫“火山岛”，格陵兰岛应该叫“冰岛”。我以前认识一个小男孩，他长得很胖，他的伙伴却叫他“瘦子”，这就跟冰岛一样，名字和实际的情形恰恰相反。整个格陵兰岛覆盖着厚度达400米左右的冰层，靠近海边的那一部分冰层常常会一整块一整块地掉入海水中，体积和一座教堂差不多，它们慢腾腾地漂浮在海中。我们把这样的冰块叫“冰山”。

格陵兰岛上也居住着因纽特人。你可能会觉得奇怪：住在冰天雪地的岛上，他们吃什么呢？显然，他们不能在冰雪里种植蔬菜和粮食。因纽特人主要是以当地的鱼类、动物和鸟类为食。格陵兰岛上有一种鸟叫海雀，数量非常多，它们飞得不高，成群结队地栖息在岛上。因纽特人只要用网就可以捕捉到海雀，就像你用网兜捉蝴蝶一样。他们抓一次海雀就可以吃上几个月，外面的环境就像天然的冰箱，多余的海雀可以冰冻在外面。岛上的温度有时会低至零下70华氏度[①]，因纽特人用海雀柔软的羽毛做衣服的里衬，既柔软又暖和。岛上还有一种鸟叫绒鸭，绒鸭的羽毛比海雀毛更柔软，叫鸭绒。鸭绒是世界上最柔软的东西之一，可以用来填充被子，又柔软又轻便。因纽特人还吃绒鸭的蛋，他们每次都可以拣上几千个鸭蛋呢。

因纽特人没有普通的牛肉吃，吃的是麝牛肉。麝牛长着钩状的牛角，身上的毛又长又粗，能在冰天雪地中抵御寒冷。厚厚的皮毛让麝牛看起来非常壮实，宰杀去皮后才发现，其实麝牛是比较瘦小的动物。

① 1华氏度（°F）=5/9摄氏度（℃）。摄氏温度（C）与华氏温度（F）的换算公式：C=（F−32）×5/9。因此，零下70°F约等于零下57℃。

因纽特人还猎捕另外一种动物——海象。这种动物既能生活在水里，又能生活在陆地，长着像象牙似的长牙。因纽特人会吃海象的肉，不过主要是为了获取从它嘴下方伸出的那两根长长的象牙。

因纽特人最喜欢吃的不是瘦肉，而是肥肉。对因纽特人来说，一大块肥肉就是一顿美餐。肥肉中富含脂肪，能保暖，生活在冰天雪地的因纽特人自然非常喜欢吃了。生活在炎热地区的人们通常都不会喜欢油腻的肥肉，这会让他们觉得更热。

格陵兰岛上还有一种动物，那就是既能生活在水里又能生活在陆

地的海豹，这种动物的皮毛可以做成最昂贵的皮革，是女性的最爱。因纽特人夏天用海豹皮搭帐篷，岛上风势很大，要用大石头压住帐篷的角，才能防止帐篷被刮走。他们冬天就在冰里凿房子，房子非常低矮，没有窗户，人在里面几乎直不起身。因纽特人通常会在地上点一个火把或放一盏简易的灯，这种灯其实就是在石头上凿个坑，里面放一根蘸有油脂或动物脂肪的灯芯，把它点着就行了。

因纽特人接触的唯一比较温顺的动物就是因纽特犬。因纽特犬外形像狼，很有可能与狼有血缘关系。他们没有马，也没有汽车，只能用因纽特犬拉的雪橇当交通工具。他们会同时使用四条狗、八条狗，甚至更多的狗。我们平时养的狗都很喜欢水，只要主人允许，它们就会开心地跳到泳池或河里游泳。但因纽特犬很怕水——尽管它们也会游泳，除非主人拿鞭子在旁边逼着，否则根本不肯下水。因纽特人非常勇敢，即使海水里漂浮着冰山，他们也不怕。他们有一种叫因纽特划子的独木舟，除了中间坐人的地方，其他地方完全封闭，即使翻船也不会进水。因纽特人擅长划船，还专门有一项水上运动，即故意将船打翻，然后在水里一次又一次地翻转，以展示自己的技能。

第 39 章
鱼儿、峡湾、瀑布和森林

如果你有丰富的想象力，你看天上的云朵，会不会觉得天上的云有时像个高大的巨人，有时又像奔跑的骏马，或是长耳朵的兔子，或是其他的什么东西呢？如果是这样，就说明你有丰富的想象力。你可以先看看斯堪的纳维亚半岛的地图，然后告诉我它看起来像什么。

把地图按顺时针方向旋转 90 度，你觉得它像什么呢？像不像一条张着大嘴的鲸鱼呢？这条“鲸鱼”正准备吞下小小的丹麦，斯卡格拉克和卡特加特海峡就组成了“鲸鱼”的喉咙，“鲸鱼”的背是挪威，与其相对的那一侧是瑞典，挪威加上瑞典就构成了斯堪的纳维亚半岛。

我之所以会觉得那块版图像鲸鱼，还有一个原因是挪威附近的海域有很多鲸鱼。鲸鱼是全世界最大的鱼，其实它并不是真正的鱼类。鱼类和鸡以及鸟类一样会“下蛋”，只不过它的“蛋”更小更多而已。鲸鱼不下蛋，而是像猫妈妈生小猫一样，直接生出小鲸鱼。就像我们潜水一会儿就得浮上水面来呼吸一样，你也可以经常看到鲸鱼浮出水

面呼吸，所以鲸鱼和我们一样都是哺乳动物。

鲸鱼喜欢吃一种叫“鲱鱼”的小鱼，一大口就能吞下成千上万条鲱鱼，连骨头带肉全部吃掉。海洋里有数也数不过来的鲱鱼，通常一大群鲱鱼生活在一起，这一大群在英语里叫“school”，“school”也有“学校”的意思，但是一个“school”（群）的鲱鱼比全世界所有“school”（学校）的学生加起来的总数还要多[①]。鲱鱼都是成群结队地生活的，鲸鱼遇到一群鲱鱼，就会张开大嘴，猛吸一口，连水带鱼全部吞进口中，美餐一顿。海里鲱鱼数量众多，虽然鲸鱼吃了不少鲱鱼，我们还是能吃到鲱鱼。挪威人会用网打捞上很多鲱鱼，用盐腌渍，用烟熏制或直接晒干，使它们长时间不会腐坏。他们将大量处理好的鲱鱼干出口到其他国家。我早餐还吃了一条鲱鱼干呢！说不定这条鲱鱼许多年前就在挪威附近的海域里生活着。

我早上还吃了1000个蛋呢，你相信吗？当然不可能是鸡蛋，是鲱鱼的蛋。我吃的鲱鱼干刚好是条鲱鱼妈妈，肚子里有很多蛋。我们把鱼类的蛋叫卵。

挪威的海岸并不平坦，水中有许多山脉，自然就形成了许多山谷。我们把这种海水中的山谷叫峡湾。

挪威位于地球极北的地方，你肯定会认为挪威峡湾中的海水很冷吧？水冷到一定程度就会结冰，但是很奇怪，那些峡湾中的海水从来不结冰。为什么呢？因为太阳照射着墨西哥湾中的海水。你可能会问：挪威和墨西哥湾离得那么远，太阳照射墨西哥湾和挪威的峡湾有什么

① School这个词既有“鱼群”也有“学校”的意思，这里使用谐音来表达鱼很多。

关系呢？打个比方吧，我房子的地下室中有个锅炉，燃烧锅炉能加热管道中的水，即使离地下室最远的房间也能有暖气。同样的道理，墨西哥湾就像地球的大锅炉，太阳照射后，海水升温，形成一股暖流，叫湾流。湾流像河流一样进入大洋，一路从墨西哥湾抵达挪威的海岸，挪威峡湾中的海水也随之升温。峡湾温暖的海水非常适合鲱鱼生长，挪威的渔民都喜欢在峡湾中捕鱼，觅食的鲸鱼也经常出没在峡湾附近。

全世界最靠北的城市在挪威，叫作哈墨菲斯特，这里也是墨西哥湾流抵达挪威的地点。湾流一路带来许多木棒，木棒漂在水上就像玩具船一样，这样的木头叫漂流木。挪威人会捡来搁浅的漂流木烧火，普通木材燃烧会发出黄色的火焰，而经过海水长时间浸泡的漂流木有很多盐分，燃烧时会发出蓝色、绿色和紫色的火焰，所以用漂流木可以在壁炉里燃起非常漂亮的火焰。

你妈妈有没有让你吃过鱼肝油呢？那种味道你肯定不喜欢吧？你妈妈也肯定会告诉你，鱼肝油有益于身体健康。确实是这样的，鱼肝油是用鳕鱼的肝脏做的。鳕鱼是一种比鲱鱼大的鱼类，挪威有个岛屿，附近就盛产鳕鱼。挪威人会捕捞大量鳕鱼，从鳕鱼的肝脏中提取鱼肝油，把它出口到其他许多国家。他们还会把鳕鱼的鱼骨全部剔除，将鱼肉晒成干当食物。剔除鱼骨不是一件容易的事，因为鱼骨太多了。这儿有一个句子，非常有趣，不过，你得在适当的位置加上一个句号，这个句子才能讲得通：“一条鳕鱼在罗佛敦群岛的海水中游玩一个月后它身上的骨头就都被剔除了。”你会在哪儿加一个句号，使这个句子有意义呢？

第 40 章
鱼儿、峡湾、瀑布和森林（续）

全世界产鱼最多的城市在挪威的一个峡湾上，这个城市叫卑尔根，它所在的峡湾也叫卑尔根峡湾。很多峡湾的渔民都会把捕捞的鱼运到卑尔根，再通过船只运到其他国家。你在卑尔根可以看到各种各样的鱼，有大鱼，有小鱼，有的身体很厚，有的身体很薄，有黑的，也有白的……

卑尔根除了鱼最多之外，还有一个“最”，这里是欧洲降雨量最大的城市。当地人几乎每时每刻都会随身携带雨伞或雨衣，没人知道什么时候就会下起雨。那里几乎不怎么有晴天。下雨时，如果用桶接水，通常需要很长时间，桶里的水才会有 2.5 厘米，除非下很大的雨。桶里的水量我们就叫“降雨量”，它是用积水的深度衡量的。如果看到下雨天街道上有了积水，积水漫过你的鞋子，你肯定会觉得那是很大的雨吧？其实如果用桶接，桶里的积水很可能还不到 2.5 厘米。全世界很少有城市一年的降雨量能有几十厘米，但卑尔根一年的降雨量就可以达到 1.8 米。幸亏这些雨不是一次降下的，否则城里所有人都会被淹死。

美国每个家庭都有汽车，而挪威每个家庭都有船。挪威人也是著名的水手。

在很久以前，挪威人就以航海探险而著称。其中最著名的一位航海探险家叫雷夫·埃里克森，他是著名航海探险家埃里克的儿子。雷夫·埃里克森生活在1000年前，他率领他的船队比哥伦布到达美洲大陆早500年。可他当时并不看好这块大陆，回挪威后也没怎么提到过这个地方。

后来，挪威还出现了很多著名的航海探险家。生活在挪威的人因为非常靠近地球的顶部，所以他们总想要北上到达地球的顶端，也就是到达地球最北面的一个顶点，在这个顶点上，如果你站着一动不动，每隔24小时，你就在原地自转了一圈，这个点就是北极点。很多探险家都冒着生命危险去北极点和南极点探险，不少人为此丢了性命。两位著名的斯堪的纳维亚探险家曾尝试过去北极点，他们没有丢掉性命，但是也没有成功抵达北极点，其中一位叫南森，另一位叫阿姆森。后来，一位叫皮尔里的美国探险家成为第一个成功到达北极点的人。不过，阿姆森后来成功到达了南极点，他是世界上第一个到达南极点的人。从那以后，还有一些飞机和挪威的一艘飞船试着飞过北极点，但都没有在那儿停留。后来，阿姆森开着飞机向北极点出发，之后就再也没有他的任何消息了。

下雪的时候，我们都会穿着套鞋出门。而挪威人和瑞典人下雪天都会在脚上套两块长长的滑雪板，就像小小的雪橇，它能在雪地上滑动。他们双手各拿一根棍子，撑着自己不断往前滑。

你见过白色的黑鸟吗？肯定没见过。那你见过白色的煤炭吗？挪威和瑞典就有很多白色的煤炭。你肯定觉得很奇怪，煤炭怎么可能是白色的呢？听我慢慢告诉你：挪威和瑞典的山上都积着厚厚的冰雪，冰雪融化成水，从山上流下来，形成了许多瀑布，就像雨水顺着房顶上的水落管淌下来一样。瀑布可以推动轮子转动，锯木厂的机器就能运转起来，就像煤炭能让机器运转一样。挪威和瑞典没有煤炭，冰雪形成的瀑布可以发挥相同的作用，于是他们把瀑布叫“白色的

煤炭”。

白色煤炭和黑色煤炭还是有区别的，白色煤炭不能产生热量。瑞典北部有铁矿，瑞典的铁矿石品质优良，炼成铁后可以制作成很锋利的小刀和刀片等。瑞典虽然有铁矿，却没有煤矿，也无法从铁矿中提炼出铁。瑞典人只能把铁矿石出口到煤炭资源丰富的英国，在那里，英国人用它制作出上好的刀剑，或是其他刀具。

你可能看到过冰天雪地中的松树照片吧？松树和白雪似乎总是形影不离，挪威和瑞典有许多松树林。松树的树干又高又直，很适合做船的桅杆、旗杆、电线杆和建筑木材。松木还很适合做火柴棍，一棵松树的树干就能做很多很多火柴棍。你看看家里用的火柴，火柴盒上可能印着“瑞典制造”哦。瑞典人还会把小一点的树弄成木浆，用来造纸。

我前面也说过，无论是报纸、包装纸，还是你写字的纸，几乎所有的纸都是用木材做的。瑞典人砍倒树后，就把树木锯成圆木，滚到河里。圆木从河中漂到海里，人们再把它们装上船，运往世界各地。瑞典人砍伐大树的同时，也会很细心地照料小树苗，这样他们就能获得源源不断的木材了。

第41章
太阳不落的地方

童话《镜中奇遇记》其中的一篇故事《海象与木匠》是这样开头的：

太阳照耀在海面上，
格外地灿烂绚丽……
这让人好不奇怪，
因为现在正是午夜。

太阳半夜还挂在空中！你肯定认为只有童话故事里才会发生这样的事吧？可是挪威和瑞典的北部地区真有这样的情况呢！挪威最北端的地方有一块巨大的岩石伸入了北冰洋中，人们管它叫“北角”。那里没人居住，其他地方的人经常乘船去那儿观看夜晚阳光洒在海面上的景象。

我们平时总是说，太阳从东边升起，从西边落下，我们说的没有错。可挪威和瑞典北部的小朋友和我们看到的却不一样。在那里，太阳不是东升西落。有半年时间，太阳就低低地挂在空中，离地面很近，一直都不落下去。整整半年时间，太阳一直挂在空中，每天都是白天。这半年，太阳离地面会越来越近，最终落下去。而接下来的半年，那里的小朋友都见不到太阳，每天都是黑夜。

你可能会很奇怪：这怎么可能呢？难道那边的太阳和我们看到的太阳不是同一个吗？

当然是同一个太阳啦，因为我们只有一个太阳。我们住在地球的一端，太阳在地球的另一端时，我们就看不到了，也就进入了夜晚。如果我们爬上地球的顶点，如北极，在夜晚也能看到太阳。打个比方说，如果你住在山的一侧，有个小伙伴从山的另一侧过来看你，你可以在自己住的地方看到他从山上下来，最后，也可以目送他爬山回去，可一旦他越过山顶，到了另一侧，你就看不到他了。可如果你是在山顶上，你便既能看到上山的他，也能看到下山的他了。

地球的北极常常被叫作“午夜太阳之地”，因为有半年时间，太阳即使在半夜也挂在空中。其实这里也可以叫“正午漆黑之地”，因为有半年时间，那里每天都是夜晚。

“正午漆黑之地”是驯鹿生存栖息的土地，地球北极生长着驯鹿，它也是传说中圣诞老人居住的地方。那里冰天雪地，除了苔藓，其他植物都无法生长，驯鹿是唯一能只靠苔藓生存的动物。那里居住着拉普人，拉普人看上去很像因纽特人，而这两种人都很像中国人，我觉得他们的祖先很可能就是中国人。拉普人和驯鹿住在一间屋子中，他们既把驯鹿当作马来拉雪橇，又挤驯鹿的奶喝，还能吃驯鹿的肉，用驯鹿的皮毛制作衣服和帐篷。

生活在挪威和瑞典其他地区的人，和我们一样是白种人，不过，我总觉得他们有些人比我们欧美的白人更聪明，接受过更好的教育。我认识的人中，有一个瑞典人能说十二种语言；有一个瑞典人发明了一种方法，不经过脱脂，就能把奶油从牛奶中分离出来；还有两个瑞典男孩发明了一种机器，能通过加热制作出冰块。

瑞典和挪威曾经是一个国家，由一位国王统治，后来变成了两个独立的国家，两国都有各自的国王和首都。

你爸爸小时候用的地理书上挪威首都叫克里斯丁亚那，后来改成了奥斯陆。像瑞典（Sweden）这个单词一样，瑞典首都也是以“S”开头的，叫斯德哥尔摩（Stockholm）。奥斯陆和斯德哥尔摩都是海滨城市，但是墨西哥的湾流并不经过这两座城市，所以几乎整个冬季，海港的海水会全部结冰，船只无法通行。斯德哥尔摩市区内有很多运河，因此常被称作“北方的威尼斯”。

在美国，玛丽和约翰是最常见的名字。斯堪的纳维亚人也偏向于喜欢某些名字，奥利是他们最喜欢的名字，汉斯、埃里克和彼得也是很常见的名字。我们有时会在名字后面加上一个“逊”字，构成新的名字，如“约翰”变成“约翰逊”。斯堪的纳维亚人喜欢在名字后面加上“森”，构成新的名字，如埃里克森、奥勒森、汉森、彼得森、南森、阿姆德森等。如果你住在威斯康星州或明尼苏达州，翻开电话簿，就可以发现有许多这样的名字。没错，很多瑞典人和挪威人都来到了美国，并在威斯康星和明尼苏达两个州定居，因为这两个州的环境和他们的国家最相似。

很多挪威语中的日常用语和英语单词很相似，如："lamp"（灯），挪威语写作"lampe"；"house"（房子），挪威语写作"hus"；"cow"（母牛），挪威语是"ko"。当然，不是挪威语模仿了英语，应该说是英语模仿了挪威语。很早以前，挪威的水手定居在英国，几千年后，我们仍然沿用着当时挪威人用的词语，只是这些词语发生了一些小小的改变。

在古代，斯堪的纳维亚人是非常残暴的斗士，喜欢喝一种叫蜂蜜酒的烈性酒，他们把敌人的头骨当酒杯用。他们信奉很多神话中的神，如雷电之神托尔和战争之神蒂乌。他们还用这些神的名字（挪威语），命名了"星期二""星期三""星期四"和"星期五"，现在对应的这四个英文单词和那时的挪威语很接近。我们的英语中，这四天仍是按照斯堪的纳维亚人信奉的神的名字来命名的，因为信奉这些神的野蛮人是我们当中很多人的曾曾曾……曾祖父。星期二是战神蒂乌的日子（Tiu's day），星期四是雷神托尔的日子（Thor's day），星期五是和平之神弗里亚的日子（Fria's day），星期三是主神沃登的日子（Woden's day）——这就是星期三中有"d"的原因，这个"d"我们常常忘了将它拼出来，因为现在这个"d"不发音了。大多数人已经忘了一周中的日子都是根据异教徒的神来命名的，但有些人认为我们不应该使用异教徒所创造的这些名字，所以他们不用名称而用数字来表示一周中的这些日子，《圣经》诞生时代，一些基督徒就是这么做的。

我们都知道可以用来炸东西的达纳炸药，这种炸药就是由一个瑞典人发明的。他去世的时候，留下了很大一笔钱。临死前，他留下了遗言，这笔钱每年的利息要用来奖励那些为人类做出巨大贡献的人。无论他们来自哪个国家，只要为世界做出了巨大贡献，就可以获得奖励。每年，评奖委员会审核当年为世界做出贡献的人，然后选出其中贡献最大的，将奖金授予他们。那个留下这笔钱的人就是诺贝尔，奖金就来自我们所熟悉的诺贝尔奖。

第42章 熊国

小时候我最喜欢听一个关于俄罗斯狼群的故事。俄罗斯人乘着雪橇在雪地中前进，突然遇到了一群狼的袭击。坐在雪橇上的人用鞭子抽了抽马，加快了雪橇的速度，狼群也加速了，越逼越近。正当狼群扑向雪橇之际，上面的人朝后用力扔出一些吃的，狼群就会跑过去狼吞虎咽一阵。不一会儿，狼群又追了上来，雪橇上的人只能不断地扔食物，直到最后食物全部扔完。你猜猜结果会是怎样的呢？或者你也可以自己给这个故事编个结尾。

听了这样的故事之后，我一直以为俄罗斯肯定会有很多狼，是“野狼之国”。后来才知道，不知道为什么，人们习惯上称呼俄罗斯为“熊国”。

俄罗斯国土面积非常大，是欧洲最大的国家，欧洲其他所有国家加在一起也没有俄罗斯的面积大。俄罗斯北部确实是冰天雪地，有坐雪橇的人，也有狼群。但俄罗斯中部不太冷，南部更加暖和。

俄罗斯北部非常寒冷，夏季地面表层解冻，虽然地面上会长出一些花草，可地下仍然冰冻着，有一层又厚又硬的冰在下面，这样的地表叫冰原。俄罗斯北部有几千公里的冰原。

俄罗斯北临白海，南靠黑海。我想人们之所以把北部那片海叫白海，是因为一年大部分时间它都被冰雪覆盖着。当然，夏季有几个月白海会解冻，许多大船会进入白海，满载各种各样的货物抵达阿尔汉格尔斯克（这个名字让人想到了天堂①），阿尔汉格尔斯克是白海主要的大港口。

你可能会问：人们为什么要住在那么寒冷的地方？为什么不搬到环境适宜一点的地方去呢？因为人们一般都会居住在一个可以养活自己的地方。一般情况下，都是一个地方最初只有几栋房子，后来随着房子和居民越来越多，才发展成为城市。

离阿尔汉格尔斯克很远的一个城市却是个例外，这个城市是由一个叫彼得的人一下子建成的。彼得曾是俄国的沙皇，俄国是俄罗斯以前的称呼，沙皇就是一个国家的皇帝。彼得喜欢航海，就想住在海边，能随时航海，就像你想去海边划船一样。于是他就在海边建造了一座城市，还建起了街道、商店、房屋和宫殿。成为沙皇后，他就下令其他地方的人搬到这个城市居住。彼得的名字是根据圣彼得起的，于是他就把这个城市叫圣彼得堡，意思是“圣彼得的城市”。这是200多年前的事了。

俄罗斯参加第一次世界大战时，与德国成为敌人。圣彼得堡的人不想再用“圣彼得堡”这个名字了，因为德国很多城市名都是以“堡”

① 这个城市的英文名是Archangel，是“大天使”的意思。

字结尾的。他们想要一个真正具有俄罗斯特色的名字，于是就把“圣彼得堡”改成了“彼得格勒”。后来，人们厌倦了战争，不想再继续打下去了，有人就发起了一场革命，处死了沙皇，成立了自己的政府。这场革命的领导人就是列宁，为纪念列宁，人们又把“彼得格勒”改成了“列宁格勒”，意思是“列宁的城市”。这个城市前后改了两次名字，作为俄罗斯的首都有 200 多年。列宁格勒气候非常寒冷，后来人们把首都迁到了一个更靠南、更接近俄罗斯中心地带的城市——莫

斯科，莫斯科的气候要暖和一些，它曾经也是俄罗斯的首都。

革命者把富人的宫殿和住宅变成了医院和公共建筑，占领了富人的土地，租给农民和工人。当时的15个苏维埃社会主义共和国组成了苏维埃社会主义共和国联盟，简称苏联，莫斯科是苏联的首都。

莫斯科有一片围着围墙的宽阔区域，里面有房子、宫殿和教堂，这片建筑叫克里姆林宫，相当于俄罗斯的“国会大厦”。我们的国会大厦只有一栋建筑，而克里姆林宫有一大片建筑。共产主义革命爆发后，克里姆林宫的教堂不再作为教堂使用，而是和富人的宫殿一样，变成了博物馆和政府办公的地方。

克里姆林宫附近有一个宽阔的广场，叫红场，红场一侧有一个平顶的建筑，是列宁的陵墓。俄罗斯经常会在红场举行阅兵仪式。

俄罗斯人热爱音乐，热爱自己的国家。世界上部分最经典的音乐就是由俄罗斯人创作的。俄罗斯人在一起工作时唱歌，士兵训练时唱歌，工人干活儿时唱歌，海员在船上时唱歌，甚至连关在监狱里的犯人都唱歌，当然犯人唱的歌通常都比较伤感。

第43章 粮 仓

俄罗斯北部的土地被冰雪覆盖着，看上去一片白色。

俄罗斯南部的土地却像煤炭一样是黑色的，非常肥沃，那可能是全世界最肥沃的土地，我们把这样的土地叫黑土地。美国最肥沃的土壤也只有几厘米厚，再下去就是植物无法生长的岩石和黏土了。但在俄罗斯，肥沃的土壤很厚很厚，有些地方需要不停地往下挖，挖出相当于你三四倍身高的坑，才有可能看到岩石和黏土。美国新英格兰地区的很多农田在种植了200多年后，现在已经非常贫瘠，根本就种植不了庄稼了，当地的农民只能搬到其他地方。俄罗斯肥沃的土壤似乎怎么种植都不会变贫瘠，那里的农田已经被种植了几千年，仍然能够长出庄稼。

黑土地上可以种植大量的小麦，小麦磨成面粉能做面包，因此俄罗斯这个地区被称为“粮仓”。那里有一种比较奇怪的植物，叫向日葵，向日葵的花朵会跟着太阳转。那里有一望无际的向日葵农田。当地人种植向日葵当然不是为了观赏花朵，而是为了收集向日葵的种子，向日葵种子的主要用途是榨油，这种油很适合拌沙拉，还可以用于生产肥皂和其他东西。俄罗斯人吃向日葵的种子（瓜子），就像我们吃花生一样。

全世界最大的湖泊就在俄罗斯的黑海旁边，很多河流汇入这个湖泊，却没有河口流出去。随着水分的蒸发，湖里面就积累了越来越多的盐分，湖水变成了咸的，像一个小小的海洋。人们把这个湖称作“里海”。

《爱丽丝漫游奇遇记》中的三月兔说过这样一段话：“你可以从水井中打水，就肯定可以从糖浆井中打出糖浆。”同样，你也可以从油井中钻出石油。里海一侧有个城市叫巴库，巴库的石油资源非常丰富，有很多油井。你随处可以看到石油，闻到石油的气味，感觉到石油的存在。里海没有流出的河流，船只无法从巴库到达海洋，只能将石油运到可以装船的地方，而最近的地方就是1100多公里以外的位于黑海边上的“巴统”。当地人在地下铺设了一条长达1100多公里的管道，将石油从巴库输送到巴统。然后石油被装到油轮上，运到世界各地。

欧洲最高的山脉和最长的河流都在俄罗斯。最高的山脉就是位于俄罗斯南部的高加索山脉。高加索山脉位于黑海和里海之间，比阿尔卑斯山脉更高。

大部分河流的水流都很湍急，不停地向前流动。欧洲最长的河流却是水流最慢的，它就是位于俄罗斯的伏尔加河。伏尔加河的水流非常缓慢，你甚至很难区分河水是往哪个方向流的。其实，伏尔加河是缓慢地流入了里海。伏尔加河盛产一种大个儿的鱼叫鲟鱼，鲟鱼的卵可以做成鱼子酱。据说鱼子酱非常美味，但有些人不习惯它的味道。鱼子酱可能是最昂贵的食物，1 斤鱼子酱比 100 斤牛排都贵，或许就是因为这个，人们才会那么喜欢鱼子酱吧。

世界上最珍贵的金属不是白银，也不是黄金，而是一种叫白金的金属。白金看上去像白银，全世界储量很少，比黄金还贵。俄罗斯东部边境有一条山脉叫乌拉尔山脉，乌拉尔山脉比较低矮，山中有白金矿藏。

俄罗斯还有一种很奇怪的岩石，它像一束束丝线，可以做成布料，这种岩石叫石棉。石棉是岩石，用它做成的石棉布不会燃烧。据说很久以前，一位国王有一块石棉布做的桌布，那个时候很多人还不了解石棉，国王每次用完餐，都会把桌布丢进火里，一会儿又拿出来，而桌布一点都没被烧坏，客人看了都觉得很神奇。我们现在用石棉制作消防员的制服和房子的屋顶，也用它裹在热水管道的外面，能起到防火的作用。美国和加拿大的部分地区也有石棉。

第44章
欧洲的其他国家

全世界有成千上万座城市和小镇，很多你可能连名字都没听说过，可是在那些地方同样居住着很多人。他们可能也没听说过我们所居住的城市。

在俄罗斯和欧洲大陆的其他部分之间有九个小国家，其中的一些并不太重要。但对于居住在那里的人来说，它们个个都是重要的。这九个国家的人们似乎很少有来往，许多人连彼此国家的名字都没有听说过，除非是那些喜欢集邮的人。

其中与俄罗斯接壤的两个欧洲国家是芬兰和奥地利。芬兰是所有夹在中间的国家中最大的。它位于俄罗斯和斯堪的纳维亚半岛之间。“芬兰”的意思是“湿地的国土”，芬兰国内有许多湿地和湖泊，它在某些方面跟挪威与瑞典很像——芬兰也有峡湾，生产纸张和火柴。芬兰也是共和制国家，有一位总统。

另一个以“兰”结尾的国家，是波兰，“波兰”的意思是“平坦的土地”。波兰有很多农田、铁矿和煤矿，国土面积和芬兰差不多。

波兰也诞生过许多著名的音乐家。

波兰南部有一个版图狭长的国家，名字很有趣，叫捷克斯洛伐克。我有一套瓷盘，盘底印有“捷克斯洛伐克制造”的字样。以前捷克斯洛伐克制作大量的瓷器和玻璃器皿，现在是否仍然在做，我就不敢肯定了。之所以说“以前”，是因为从 1993 年 1 月 1 日起，捷克斯洛伐克变成了捷克共和国和斯洛伐克共和国两个独立的国家了。

历史上有个伟大的国家，叫奥匈帝国。现在奥地利和匈牙利是两个独立的国家。有条著名的河流流经奥地利和匈牙利，这条河就叫多瑙河，跟莱茵河一样，在多瑙河的岸上也耸立着许多贵族住过的城堡。不少童话故事、诗歌和音乐作品都与多瑙河有关，有一首著名的华尔兹舞曲叫《蓝色多瑙河》，让人联想到蓝色的多瑙河流入黑海。奥地利首都是维也纳，维也纳曾以它的饭店和烹饪技术闻名于世。现在美国也有维也纳风味的饭店，有出售维也纳面包卷的地方。即便不去维也纳，你也能品尝到维也纳面包和其他维也纳风味的食物。

“匈牙利”这个名字会让你想到食物，确切点说，会想到缺乏食物，但是这个名字并不是“饥饿”的意思，“匈牙利”的意思是“匈奴人的土地”。匈牙利生产大量的小麦。你有没有吃过匈牙利红烩牛肉？匈牙利红烩牛肉的味道很特别，里面放了很多胡椒和其他调料，美国有的饭店也有这道菜。在这样的饭店中，有时还有管弦乐队演奏匈牙利音乐。匈牙利音乐颇似吉卜赛人伴舞的音乐，时而徐缓甜美，时而急速奔放，中间还有跳跃的旋律。有一点很奇怪，不少匈牙利人和中国人的祖先有关联，这些人叫马扎尔人。

你有没有让人看过手相或者算过卦呢？吉卜赛人在各地流浪，以看手相和算命为生。大部分吉卜赛人来自罗马尼亚这个国家。罗马尼亚毗邻黑海，与匈牙利接壤。相传很久以前，罗马人来到这里定居，根据“罗马”把这个国家取名为“罗马尼亚”。现在的罗马尼亚语还有点像罗马语和意大利语呢。

保加利亚是黑海边上的一个国家，它有不少的森林、山脉，还有农田。森林里栖居着野熊、野猫和野猪，还有一种叫北山羊的野山羊。山谷间还有形似山羊的岩羚羊。我们用来擦洗车辆的一种岩羊布，就取自这个小动物的名字。岩羊布一度是柔软的真羊皮，但现在我们采用其他的材料，将它们制作成仿羊皮。

保加利亚最重要的产业是香水制造业。保加利亚人种植着很多玫瑰，他们从中提炼出一种精致、昂贵的香水，叫“玫瑰精油”。生产一小瓶玫瑰精油，需要一屋子的玫瑰花瓣，这下你知道玫瑰精油为什么贵了吧。

阿尔巴尼亚是一个很小的国家，大部分人种植庄稼，养殖牛羊。在阿尔巴尼亚的部分地区，男人会穿一种齐膝的短裙，它的裙摆很大，像舞裙一样。苏格兰的男人也穿短裙，可他们的短裙是用深色布料做的，而阿尔巴尼亚人的短裙却是用白色布料做的。

隔着亚得里亚海，和意大利遥遥相望的一片土地从前叫“南斯拉夫”。南斯拉夫有丰富的森林和铜矿资源。事实上，南斯拉夫的铜产量比其他任何欧洲国家都多。如今这块地方分裂成了好几个小国。

当我听到一个地名或是一个人名时，总会联想到与这个地方或这个人名有关的什么东西，尽管这个东西也许一点儿也不重要。比如：

听到“乔治·华盛顿”，我首先想到的是“樱桃树”。

听到“纽约”，我会想到“摩天大楼”。

听到“芬兰”，我会想到湿地。

听到“波兰”，我会想到音乐。

听到“奥地利”，我会想到维也纳面包卷。

听到“匈牙利”，我会想到蓝色的多瑙河。

听到“罗马尼亚”，我会想到吉卜赛人。

听到“保加利亚”，我会想到岩羚羊和香水。

听到“阿尔巴尼亚”，我会想到穿短裙的男人。

听到“捷克斯洛伐克”，我会想到瓷器和玻璃器皿。

听到“南斯拉夫”，我会想到铜。

第45章
诸神的国度

我小时候看的第一本书是《伊索寓言》。伊索曾经是奴隶，生活在一个叫希腊的小国，后来他写了很多有名的寓言故事，他的主人就恢复了他的自由。我读的《伊索寓言》是英文译本，《伊索寓言》最初是用希腊语写的。

希腊是个很小的国家，如果我用手指在地图上指给你看的话，指尖肯定会盖住整个国家（希腊位于欧洲巴尔干半岛的最南端）。但希腊曾经是世界上最伟大的国家，希腊人是世界上最伟大的民族，希腊语也是世界上最伟大的语言。当欧洲其他民族还是无知野蛮的民族时，希腊人已经开始创作最伟大的书籍、建造最辉煌的建筑、拥有最出色的学派了。有一本书最初是用希腊语写的，现在它已经被译成了800多种语言，这本书拥有世界上最多的读者，它就是《圣经·新约全书》。

希腊人最初不信奉《圣经》和耶稣。他们相信的不是唯一的神，而是很多神，他们认为那些神都住在高耸入云的奥林匹斯山上。如今奥林匹斯山仍然屹立在那儿，你爬上山顶就会发现，根本就没有神。希腊人认为：太阳出来时，是太阳神阿波罗驾着战车经过了天空；下雨时，是雨神朱庇特在往地球上浇水；雷电交加时，是朱庇特在发脾气了。他们相信还有一个爱神、一个战神以及一个主宰世界万物的神。

希腊的国土主要由两部分组成，像微缩版的南美洲与北美洲一样。这两部分由一条叫“科林斯地峡”的狭长陆地隔开，地峡只有6公里宽。北面的那部分有一个伟大的城市，叫雅典。以前雅典人相信

有一位女神眷顾着整座城市，那就是智慧女神雅典娜·帕提侬，于是他们就以她的名把这座城市命名为“雅典”，还在一座高山上建造了全世界最为宏伟的神庙，根据雅典娜的姓将它命名为帕提侬神庙。神庙里有一座用黄金和象牙制作的雅典娜塑像，后来塑像不见了，没人知道它现在在哪里。神庙也毁于战火之中，现在只剩下一片废墟。后来，神庙里许多漂亮的雕塑都被拆了下来，运到了伦敦，现在都在大英博物馆中。想看古希腊的美丽雕塑，就得去伦敦。那座山上以及整个雅典城中还有许多神庙。这些神庙和基督教的教堂不同，没有圆顶，也没有尖塔，外面有许多高大的石柱。

离雅典不远处有一座山，叫“彭特利库斯山”。雅典那些建筑和雕塑所用的大理石都来自彭特利库斯山。有人说，古希腊人之所以能创作出那么多漂亮的雕塑和建筑，是因为有上好的大理石。可现在彭特利库斯山上仍然有许多上好的大理石，却没人能创作出如此漂亮的东西了。

以前人们喜欢去“神谕”的地方算命，离雅典不远的德尔斐有一个非常著名的神谕所。那里的地面有一条裂缝，裂缝会冒气，上面坐着女神西比尔，女神上方有一座小小的神庙。我们都知道医生可以用麻药让病人睡觉，据说地面上冒出的气体也能让女神安然入睡。女神能在睡梦中未卜先知，回答人们问她的问题，于是世界各地的很多人都赶到那里去算命。德尔斐神谕所也和雅典娜女神的塑像一样消失不见了，没有人知道它是何时丢失的，是怎么被运走的，现在又在哪里。

你知道吗？你说的英语中就含有希腊语。当你说“music”（音乐）、“museum”（博物馆）或“amusement”（娱乐）的时候，你就在说希腊语，因为这三个单词来自九位美丽女神的名字，这些美丽的女神叫“缪斯”（Muses），她们曾住在德尔斐一处清泉附近，清泉名叫“卡斯塔利亚泉”。据说那些喝了泉水的人，都有创作诗歌和歌曲的灵感。卡斯塔利亚泉现在还在那儿，人和绵羊、山羊都喝里面清凉的泉水，但是，泉水现在也只是用来给人和动物解渴而已。

远在耶稣诞生前，希腊人就会每隔四年举办一次体育比赛，叫“奥林匹克运动会”，它是现代奥林匹克运动会的前身。来自希腊各地的运动员会参加跳高、跳远以及其他竞赛项目竞争奖品。奖品其实就是用月桂树的枝叶简单做成的花冠，叫“桂冠”。以前雅典有一个体育场，专门举办这样的比赛，后来也变成了废墟。再后来，一位发了财的希腊人决定要为自己居住的城市做点贡献，出钱用大理石修复了这个古老的体育场。奥林匹克运动会又可以继续在这个体育场中举行了。

雅典附近还有一座山叫“伊米托斯山”，山上有一种非常美味的蜂蜜。据说这种蜂蜜有怡人的花香，以前是山上诸神的食物，叫“仙果”。现在雅典的一些饭店里也有这种蜂蜜，只是再没有神仙以此为食了。

以前的希腊有那么多著名的东西，那么现在的希腊以什么著称呢？你猜猜看。是诗歌吗？不是。是音乐吗？不是。是雕塑吗？不是。是漂亮的建筑吗？也不是。希腊现在有名的东西是加仑子。加仑子是一种无核的小葡萄干，可以放在蛋糕和布丁里，非常好吃。加仑子的名字来自科林斯，也就是分隔开南北希腊的那条地峡，更确切地说是过去。现在希腊人已经挖了一条6.5公里长的运河，直接贯通了这条地峡，船只可以驶过科林斯而不用再走远路绕过整个希腊了。

我们这里的市中心有一家快餐店，它是一个想来美国发财致富的希腊年轻人开的。他把这家快餐店叫作“德尔斐饭店”。上周我去吃过一次午餐，我故意和老板开玩笑，问他店里有没有仙果。他说：“没有，今天只有腌牛肉和卷心菜。”

第 46 章 新月之国

地球上每个国家的东边似乎都还有另一个国家。例如，中国的东边是美国，美国的东边是欧洲。有一个地方是地球真正的“东方”，它就是位于欧洲东边的亚洲大陆。亚洲大陆是世界上最大的陆地。

很久以前，在人们还相信神话的年代，一个亚洲的神仙爱上了一名美丽的凡间女子，女子名叫欧罗巴。神仙是不能与凡人相爱的，于是这个神仙就变成了一头雪白的公牛。公牛说服了欧罗巴，让欧罗巴骑在自己的背上，带着她逃走。公牛跑啊跑，来到了一个海峡边，就跳下水拼命地往前游。公牛和欧罗巴来到了对面的大陆，那是一片新大陆，后来人们就用欧罗巴（Europa）的名字把这片大陆称作欧洲大陆（Europe）。

不相信神话故事的人说，“欧洲”这个单词其实就是“太阳落下的地方”的意思。他们还说亚洲——公牛和欧罗巴来自的大陆——是“太阳升起的地方”。

公牛带欧罗巴游过的那个海峡在地图上仍然写作“博斯普鲁斯海

峡”（Bosporus，又称伊斯坦布尔海峡；在希腊语中，“Bosporus”就是“Bull-carry”的意思）。

人们在欧罗巴登上陆地的地方建造了一座城市。大约1000年后，第一位罗马基督教皇帝君士坦丁把首都从罗马迁到了这里，并根据自己的名字把这座城市叫君士坦丁堡。

又过了1000年左右，来自亚洲的一个叫土耳其的民族抢占了君士坦丁堡。土耳其的统治者叫苏丹王。欧洲大部分人都是基督教徒，但土耳其人不信奉基督教，他们信奉一个叫安拉的神，还有一个叫穆罕默德的人。据他们说，穆罕默德是安拉的信使。我们把信奉安拉和穆罕默德的人叫伊斯兰教徒或穆斯林。

很多年前的一个漆黑的夜晚，一支敌军悄悄靠近了君士坦丁堡。那天晚上伸手不见五指，一开始，人们一点都没有意识到危险的来临。突然，一轮弯月从云朵后面钻了出来。巡逻的人借着月光，发现了敌军，马上拉响警钟，拯救了整座城市。从那以后，土耳其人就开始在清真寺上安装新月标志牌，就像我们的基督教堂中有十字架一样，并且在他们的旗帜上也缀上了一轮新月和一颗星星，因为新月曾经给他们带来过好运。土耳其人有一个和我们的红十字会功能差不多的协会，他们管它叫红新月会。

全世界最大的教堂之一就在君士坦丁堡，它是在土耳其入侵前建成的。这座教堂在希腊语中叫“圣索非亚教堂”，意思是“圣哲教堂”。你可能认识叫索非亚的小女孩吧？不管她是否聪明，“索非亚”是“聪明”的意思。土耳其人占领君士坦丁堡后，将圣索非亚教堂和城里的其他教堂全改成了信仰安拉的清真寺。土耳其人还把原来教堂上的十字架拆下来，换上了新月标志，现在整个城市有800多座清真寺。后来，土耳其人把“君士坦丁堡”改称“伊斯坦布尔”。

你可能会说：要是不改名字多好啊！都是那么长的名字，很难记。现在这个城市叫伊斯坦布尔，但“君士坦丁堡”使用的时间比“伊斯坦布尔”长很多，而且更加广为人知，所以我得把这个名字也告诉你。当然，我不会再告诉你这个城市使用“君士坦丁堡”之前用的是什么名字，否则你又要记一个名字了。如果想知道，你可以自己去查查，也可以问问其他人。

土耳其人还在每座清真寺旁建造了一座形似蜡烛的塔楼，叫宣礼塔。宣礼塔中间有一个阳台，每天都有一位阿訇[①]在阳台上出现5次，召唤城里的人们进行祈祷。基督教堂用钟声提醒人们进行祈祷，伊斯兰教徒不喜欢用钟，所以就用这种方式。伊斯兰教徒在家里也不喜欢按铃（按铃和钟的英语都是“bell”），叫仆人时就拍拍手掌。阿訇最早的一次召唤是在早上5点。他会说：“来祈祷吧，祈祷比睡觉更好。”

很少有人会在5点就起床祈祷，只有特别虔诚的伊斯兰教徒才会来到最近的清真寺祈祷。他们双膝跪地，弯下身朝拜，直到头贴着地面。伊斯兰教徒进入清真寺前，必须先清洗自己的脸、手和脚。每个清真寺的台阶上或院子里都有池子或喷泉，人们进去前可以清洗自己的脸、手和脚。正因如此，伊斯坦布尔有很多很多喷泉。只有男人可以进出清真寺，女人和小孩都不准进入清真寺。空闲时，伊斯兰教徒每天都会去清真寺，不过，每逢星期五他们是一定会去的。

土耳其有一个形似牛角的海湾，是伊斯坦布尔海峡的一个小水湾，它叫“金角湾”。金角湾上有一座大桥叫“加拉塔桥”。到现在为止，我已经告诉过你不少世界著名的大桥了吧，如布鲁克林桥、伦敦桥、里亚尔托桥和维奇奥桥。加拉塔桥是世界上最古老、最著名的大桥之一。一年365天，每天桥上都有川流不息的人群。其中有不同国籍、不同肤色、不同穿着和说着不同语言的人，他们每个人似乎都想急切地到达对岸。每每看到这样的情景，我就会想起那个

① 波斯语，主持清真寺宗教事务的人员的称呼，意为老师或学者。

古老的谜："为什么鸡总要横穿马路呢？"

土耳其的文字看上去很像速记的字符，很难读懂和书写，它和其他欧洲语言的文字差别很大。慢慢地，土耳其也开始使用像我们一样的字母了，现在所有40岁以下的土耳其人学习的都是一种简单的新写法。

我们在感恩节和圣诞节时都会吃火鸡，火鸡的英语单词和土耳其的名称是一样的。你可能会觉得奇怪：为什么会一样呢？其实火鸡首先是从墨西哥传入美国的，但当时人们以为是从土耳其传入的，因此便用了这个单词来称呼土耳其。

第 47 章
沙漠之舟

伊斯坦布尔有一些骆驼，但欧洲不产骆驼。骆驼只能通过博斯普鲁斯海峡用船从亚洲运过来。据说骆驼是唯一不会游泳也学不会游泳的动物。大多数动物，比如狗，天生就会游泳，它们不需要学。骆驼虽不会游泳，但它能穿过沙漠，这是其他任何动物都做不到的。

骆驼习惯在沙漠中生活，只要看到很多骆驼，就能推断附近肯定有沙漠。骆驼喜欢干热的气候，喜欢太阳照射下的沙漠。人类和大部分动物遇上大太阳，都喜欢躲在阴凉处乘凉，骆驼却喜欢躺在烈日下。它常常被称作“沙漠之舟”，是唯一能在沙漠“海洋”中运载人与货物的“船只”。骆驼的脚掌长得像垫子，这使它走路时不会陷入沙子里，体内有几个囊袋，它们可以像水罐一样用来储水。有时骆驼在沙漠里一走就是好几天，没有水喝，只能靠自己囊袋中的水解渴。

亚洲的骆驼通常只有一个驼峰，叫单峰驼。其他有两个驼峰的骆驼，叫双峰驼。驼峰看上去像断了的脊背，其实并不是。驼峰里面储

存着大量脂肪，沙漠中没食物吃的时候，骆驼就靠驼峰中的脂肪供应能量。

骆驼都会跟着“领头人”前进，“领头人”走到哪里，骆驼就跟到哪里。长途运送货物时，人们常常会把几头骆驼头尾相连地系在一起，仿佛一列小火车。队伍的最前面通常有一头驴子，驴子就像火车头一样，作为整个队伍的“领头人”，骆驼就跟着驴子走。驴子感觉很灵敏，可以辨别方向，骆驼感觉非常迟钝，所以只能让驴子做“领头人”。我们把这样的一队骆驼叫商队。高大的骆驼看起来居高临下，非常了不起，其实骆驼的大脑很小，一点都不聪明，脾气较为温和，但有时也显得小气、丑陋、邋遢。骆驼在沙漠中拖着它的长腿缓慢行进时，常常会发出咕哝声，一副不高兴的样子。经过训练的

骆驼会跪在地上，让人把货物放在自己的背上，然后人再坐在货物的上面。如果背上的东西太重的话，跪在地上的骆驼根本站不起来。但只要能站起来，不管背上的东西有多重，骆驼都会坚持往前走。你可以往它背上一直放东西，直到它实在支撑不住，“砰”的一声跪在地上。如果骆驼背上已经放了它所能承受的最大重量时，哪怕你再往上面放一根稻草，它都会倒下来。所以如果你让别人做的事情太多，那个人就会说“那是压断骆驼脊背的最后一根稻草”。

骆驼除了为主人运送东西，还有很多其他的用途。骆驼妈妈可以像奶牛一样给主人供奶喝，小骆驼的肉可以吃，骆驼毛可以织成毯子、衣服和帐篷，最好的画笔笔头就是用骆驼毛做成的。

第 48 章
昔日的国家

孩子长大前，我们都管他或她叫“小孩”。伊斯坦布尔海峡的另一侧是处在亚洲西南角上的西亚美尼亚半岛，我们把亚洲这块面积不大的地方叫“小亚细亚”。小亚细亚和欧洲并不相连，尽管它在两处地方与欧洲已经离得非常之近，如果是个巨人，一抬腿就可以跨过去了。这其中的一处是博斯普鲁斯海峡，宽只有 0.8 千米。另一处是恰纳卡莱海峡，最窄的地方宽只有 1.6 千米。很多人都成功地游过这个海峡，人们还用首尾相连的小船当作浮桥，过到对岸。亚洲和欧洲之间没有大桥，人和动物只能乘船来往于两洲之间。

小亚细亚曾经是世界上最富裕的一个国家，现在却是最贫穷的地区之一。

克罗伊斯人曾经是世界上最富裕的人，他们就住在小亚细亚。

海伦曾经是世界上最漂亮的女人，被人从希腊的家乡偷走，带到了小亚细亚一个叫特洛伊的地方。就是因为海伦，特洛伊发生了一场战争。

荷马，历史上最著名的叙事诗人之一，据说就出生在小亚细亚。

《圣经》中传播福音的圣保罗就出生在小亚细亚一个叫塔索斯的小镇，他在那里为士兵做帐篷。

你可能听说过“古代世界七大奇迹”吧？“古代世界七大奇迹”被认为是七个最伟大的古代建筑工程，小亚细亚就占了其中三个。

第一大奇迹是为狩猎女神阿耳忒弥斯建造的神庙，位于小亚细亚的以弗所。当地的银匠曾经制作了很多银质的神庙复制品，卖给游客当纪念品。圣保罗布道时公开反对阿耳忒弥斯，认为阿耳忒弥斯是异教的女神。银匠担心圣保罗的行为会影响自己的生意，千方百计地扰乱圣保罗的活动。现在这座神庙已经变为废墟，银质纪念品也无迹可寻。但现在仍然有成千上万的人阅读圣保罗写给以弗所人的书信，因为这些信就收录在《圣经》里。

第二大奇迹是一座陵墓，它曾经是全世界最宏伟的陵墓，是一位叫摩索拉斯夫人的女人为自己的丈夫摩索拉斯建立的。现在这座陵墓也成了废墟。不过，我们现在仍会把一座宏大的陵墓称作摩索拉斯陵墓。

离小亚细亚不远处有一座小岛叫罗得岛，岛上有一座巨大的太阳神黄铜雕像，它与10层楼房差不多高，叫“罗得岛巨像”。这就是世界第三大奇迹。后来，一次地震把铜像震塌了，碎片被废品旧货商买走了。

小亚细亚昔日的辉煌如今已经不见了踪迹，我们现在能看到的只是那些曾经无比宏伟的建筑的遗址。现在的小亚细亚地区，除了少数

大城市，大部分房屋都是用泥土建造的，只有一扇门，没有窗户，屋顶上常常会长出杂草。

小亚细亚地区现在属于土耳其。其实除了伊斯坦布尔，土耳其其他的地区以前也都属于小亚细亚，尽管"一战"前土耳其曾一度拥有过更多的土地。

你可能见过安哥拉猫吧？安哥拉猫非常漂亮，毛长长的，还有毛茸茸的尾巴。安哥拉猫来自土耳其的首都安哥拉。安哥拉后来改名为安卡拉，所以现在人们说到土耳其首都时就会说安卡拉。安卡拉附近地区生活着一种很奇怪的山羊，羊毛又长又滑，可以做小地毯和披肩，这些小地毯和披肩在美国国内也能买到。在炎热的夏天，我们穿的马海毛衣服就是用这种山羊毛做的，纯山羊毛做成的衣服又轻又凉快，很适合夏天穿。

小亚细亚有一条蜿蜒曲折的河流缓缓地流入海洋。河流一会儿绕到这里，一会儿绕到那里，仿佛漫无目的地流淌，所以人们就把这条河叫“曲流河”。

曲流河的山谷里生长着无花果，小亚细亚大部分地区都生长着海枣。骆驼载着无花果和海枣，来到地中海一个叫士麦那[①]的美丽城市，无花果和海枣就从那里被装上船，运到世界各地。在美国国内，你在街角的食品杂货店就能买到产于亚洲的无花果和海枣。它们在遥远的亚洲被采摘下来，由骆驼商队运送到士麦那，然后再从那里海运到我们这里。我们还有一样平时用的东西也是从士麦那运来的，那就是海绵。海绵生长在小亚细亚附近的海底，采摘海绵的工人潜入海底，从海底的岩石上剥下海绵。

① 现名伊兹密尔。

第 49 章
丰饶之国

小时候上教会学校时，我常常从《圣经》中听到一些城市的名字，比如伯利恒和耶路撒冷，还有很多其他的城市。以前我一直觉得这些只是书上的名字，却没想到世界上真的有这些城市，而且还住着很多人。《圣经》中很多故事都发生在这些地方，我们现在把这些地方称作“圣经的土地”。“圣经的土地”位于地中海东面，北部是一个叫叙利亚的国家，南部是巴勒斯坦。“巴勒斯坦”的意思就是“圣地”。

在叙利亚和巴勒斯坦，有许多城市在耶稣诞生时就已经存在，现在依然存在，也有许多城市那个时候存在，现在已成了废墟。有一座城市也出现在《圣经》中，耶稣诞生时它就有 1000 年的历史了，现在仍然在，那就是大马士革，大马士革是世界上最古老的城市之一。

大马士革曾经是东方最主要的购物中心。大马士革最主要的一条街道叫“直街”，因为它不像其他的街道那样曲曲弯弯的。街道两旁商店林立，这些商店叫“街市”。有些街市很小，小到放一架钢琴都很困难，美国一家百货商店就能装下大马士革所有的街市。以前街市里卖的都是大马士革人手工制作的东西，如金银珠宝、小地毯、披肩、刀剑、丝绸等。那时的大马士革没有机器，所有东西都是手工制作的。现在那里卖的东西大部分都是用机器做的，不是大马士革生产的，而是英国生产后卖到大马士革的。有的游客在大马士革买了小东西当纪念品，拿回来仔细看了之后才发现，上面有“伯明翰制造”的字样。

我们都知道，如果在白纸上用白色颜料画画，或在红纸上用红色颜料画画，上面的画肯定无法辨别。大马士革有一种手工制作的精美布料，布和图案的颜色是一样的，这种布就叫大马士革锦缎，是根据其产地大马士革命名的。白色的大马士革锦缎上有白色的图案，红色的大马士革锦缎上有红色的图案，所有图案都可以分辨出来。你家里可能就有大马士革锦缎的桌布、餐巾或椅套。我们在美国买的这些东西大部分都是机器生产而不是大马士革手工制作的。

大马士革人以前还会制作一种铁质饰品，上面镶嵌着金或银，其主要用来做剑的装饰品。那里曾经生产很多精美的剑，剑非常锋利，据说可以削铁如泥。现在的士兵除非为了炫耀或装饰，否则都不用剑了。现在的战争都是远距离作战，士兵几乎没有机会近距离用剑拼杀。

叙利亚南部是巴勒斯坦，巴勒斯坦也被称为“圣地”。地图上通常都只标一些主要的地名，如果把所有的地名都标上，那会把巴勒斯坦的版图填得满满的，把它一边的地名挤到“地中海”里，另一边的

地名挤到“沙漠”中。

巴勒斯坦非常小，顶部有个城市叫达恩（“达恩”像一个男孩的名字），底部有个城市叫贝尔谢巴。当地人常说“从达恩到贝尔谢巴”，意思就是从顶部到底部或从一头到另一头。从达恩到贝尔谢巴只有240公里，也就是说，巴勒斯坦南北距离只有240公里，东西距离也只有80公里左右。开车的话，一天时间就能走遍巴勒斯坦整个国家。

巴勒斯坦有两个湖，一个在北部，另一个在南部，两个湖都被当作海。北部的湖叫加利利海，南部的湖叫死海，死海中没有任何生物，其周边也不长植物。它的名字也是由此而来。

耶稣曾经渡过加利利海，海里有很多鱼。耶稣有很多好朋友都是渔民，于是就让他们帮忙教其他的人捕鱼，让他们都成为“渔民”。后来，加利利的渔民就组成了一个团体，用一幅鱼的画作为团体的标志。说来也奇怪，希腊语“鱼”的单词最前面的两个字母和“耶稣”的英文单词“Christ”最前面两个字母是一样的，都是“ch”。现在加利利海里仍然有很多鱼，那里仍然不时会有暴风雨。

加利利海有一条曲折的河流入死海，叫约旦河。约旦河就是施洗者约翰给耶稣洗礼的地方。世界各地有很多人都会前往约旦河，有的人自己在那边接受洗礼。当地随处可见神职人员，他们可以给人们进行洗礼。很多人也会装上一瓶浑浊的河水，将这“圣水”带回家，给自己的孩子洗礼。约旦河水流很快，不断将河岸和河底的泥土冲刷出来，河水非常浑浊，流入死海时将泥土带入死海。但奇怪的是，死海的水和地中海一样蓝。

死海位于一个山谷的底部，它的地势太低了，以至于不可能再有水从它这里流出去。你可能会问：这样的话，死海不是很快就漫出来了吗？事实上，由于那里的天气非常炎热和干燥，死海的水蒸发的速度和水流入的速度几乎一样快，这样死海的水似乎总是那么多，只是水的不断蒸发留下了大量的盐分。所以，死海和大盐湖一样变得越来越咸，比海水还要咸上十多倍，人在里面会浮起来，根本不会被淹死。当然，人们不会在死海中洗澡或游泳，死海的水太咸，进入眼睛或伤口会很痛，就像在伤口上搽碘酒一样。死海盐分太高，连咸水鱼都无法生存。《圣经》中最邪恶的两个城市在死海旁边，它们就是索多玛和蛾摩拉。今天你还能从《圣经》故事中读到：上帝觉得这两个城市太邪恶了，于是毁掉了这两座城市，让这里变成了只是覆盖着一层盐的荒漠之地。毁掉索多玛城之前，上帝曾告诉罗得带着家人逃走，要求他们走的时候不能回头看。罗得的妻子在路上忍不住回头看了一眼，马上就变成了盐柱。如果你去那里玩，导游会指着一堆盐告诉你：“这就是罗得的妻子！”

第 50 章
准确的位置

巴勒斯坦有三个最著名的地方：第一个是耶稣出生的地方；第二个是耶稣生活的地方，第三个是耶稣去世的地方。

耶稣出生在伯利恒，伯利恒是一个又小又脏的村庄，完全不像我们在图画或圣诞卡上看到的那样。在图画和圣诞卡上，耶稣出生的地方看上去像天堂，头顶上还飞着小天使。耶稣的父母当时旅行路过伯利恒，耶稣正好就在那里出生。人们在一个地方建造了一座教堂，据说就是耶稣出生的地方，还在地板上放了一颗银质的星星，说是耶稣出生的“准确的位置”。事实上，根本没人知道究竟哪里才是“准确的位置”。但有一点可以肯定，那座教堂是全世界最古老的教堂。

耶稣虽然出生在伯利恒，但他早期的大部分时间是生活在巴勒斯坦的一个叫拿撒勒的小镇，因为这里是他的家乡，耶稣的父亲约瑟在当地做木匠。如果你去拿撒勒旅游，导游就会带你到一个地方，告诉你那是约瑟的木匠店；还会指着一个工作台告诉你，那是耶稣拿着锯子、锤子和其他工具帮爸爸干活儿的地方。导游还会带你进入旁边的厨房，告诉你那是耶稣的妈妈圣母玛利亚烧饭的地方。导游说了那么多“准确的位置”，其实一个都不可信，根本没人知道那么久以前的事。但是，有一个“准确的位置”是可以相信的，那就是拿撒勒的一口井。他们说圣母玛利亚就是在这口井里打水的。为什么这个位置可以相信呢？因为以前拿撒勒没有自来水，也没有其他可以打水的地方，只有这口井。

巴勒斯坦还有一个重要的地方就是耶稣去世的地方，叫耶路撒冷。基督教徒把耶路撒冷称作他们的“圣城”，可奇怪的是，伊斯兰教徒也把耶路撒冷称作自己的“圣城”，而且，它一度还是犹太人的首都。在耶稣诞生后600年左右，穆罕默德出生。穆罕默德的信徒们认为，默罕默德也曾生活和工作在耶路撒冷，并且死于此地，在这里升天。后来，伊斯兰教徒占领了耶路撒冷，时间长达1000多年。从伊斯兰教徒占领耶路撒冷开始，基督教徒一次又一次试图夺回这个城市。全欧洲的基督教徒组成了军队，向耶路撒冷进发，但经常被伊斯兰教徒打败。一旦基督教徒成功抢走了耶路撒冷，伊斯兰教徒也能很快地将它夺回来。这种情况一直持续到第一次世界大战，英国人占领了耶路撒冷。

世界上没有哪座城市像耶路撒冷那样，不断被摧毁，又不断被重建。耶稣诞生前1000多年，大卫王建造了耶路撒冷。后来，所罗门王在当地建造了宏伟的神殿。过了没多久，耶路撒冷就被其他人占领、摧毁，又重建。有人说，其实准确地说，历史上有过8个耶路撒冷，每一个都建造在前一个的废墟之上。正因如此，根本没人知道《圣经》中故事发生的“准确的位置”在哪里。

你一定听说过伊甸园，对吧？我还是个小男孩时就常常想：等我长大了，一定要亲自去伊甸园看个究竟，看看那儿是不是真有拿着剑的天使。我还问过主日学校的老师伊甸园究竟在哪里，老师对我说：“在《圣经》里。”我才不相信呢！多年以来，大人们一直在寻找伊甸园，有的人说找到了，更确切地说，是找到了曾经是伊甸园的地方。那里现在看起来一点都不像花园，更不像我们想象中的天堂。

如果你在大马士革街上询问路人：“你知道伊甸园怎么走吗？”对方可能会认为你是个疯子，或者干脆说：“抱歉，不知道，我也刚来这里。”当然，如果运气好的话，你真的可以遇到知道怎么去伊甸园的人。他会告诉你：“穿过沙漠，朝着太阳升起的地方一直走。如果骑骆驼，可能要走一个月。如果开车，可能一周就足够了。你会到达一条浑浊的河流，这条河流就是幼发拉底河。渡过幼发拉底河，

再走一小段路，你会到达另一条浑浊的河流，这条河叫作底格里斯河。这两条河交汇，交汇处就是你寻找的伊甸园。”

那个地方如今已经没有花园了，而且很难想象那里从前有过花园。那里大部分地方都被烂泥覆盖。如果长期不下雨，地面就干干的。可不论怎样，很多人都笃信从前的伊甸园就在那里。有些人甚至还会指着一棵结着几个苹果的苹果树，告诉你那就是《圣经》中的那棵苹果树。人们认为灭世洪水就曾发生在幼发拉底河和底格里斯河之间的山谷中，挪亚就住在那里。洪水泛滥之前，挪亚就造好了方舟。当洪水淹没了整个山谷时，挪亚就乘着方舟成功逃生，洪水过后，方舟被停在阿勒山上，洪水涨起时并没有淹没山顶。幼发拉底河和底格里斯河之间的山谷名叫“美索不达米亚”，“美索”的意思是“在……之间”，“不达米亚”的意思是“河流”，所以“美索不达米亚”的意思就是“在河流之间”。现在那里叫伊拉克，你能在地图上找到这个名字。

底格里斯河的上游曾经有一座叫尼尼微的大城市。在幼发拉底河的下游，两河交汇的不远处也曾有一座大城市，叫巴比伦。我之所以说“曾经”，是因为虽然这两个城市在耶稣诞生之前是世界上最大的城市，但是后来却全都消失了。

你有没有在沙滩或沙地上垒过房屋和街道呢？当你垒好的时候，可能会有比你大的孩子过来欺负你，把你垒的房子和街道全部踩个稀巴烂。尼尼微和巴比伦就像是被巨人踩过一样，现在，在那里用眼睛能看到的东西就只有一堆堆黄土。多年来，许多考古专家在当地不停地挖掘，挖出了一些以前的人们用过的东西。尼尼微和巴比伦曾拥有很多美丽的建筑和宫殿。巴比伦的“空中花园”曾被誉为“世界七大奇迹”之一，现在花园也消失不见了。

虽然尼尼微和巴比伦消失了，但在底格里斯河河畔又出现了两座大城市，其中之一就是在尼尼微所在的河岸对面的摩苏尔。你听说过麦斯林纱吗？这种布料最初叫摩苏林，因为它的产地在摩苏尔，后来才被人们叫成了麦斯林纱。

20世纪初，人们在摩苏尔城附近发现了大量的石油资源，这些石油的储量足以供应全世界汽车的需求。人们在油井和地中海之间铺设了许多输油管道。石油通过这些管道被装到油轮上，然后运往欧洲和美国。

第51章 故事的国度

你尝试过一整天不喝水吗？应该没有吧，美国极少有人会遇到这样的情况。如果不吃东西，有些人可以坚持几天或几周，但一星期不喝水，没人能活下去。想象一下，有一个没有河流和湖泊的国家，也很少下雨，那里的人们连喝的水都没有，更不必说洗澡了。那个国家其实是被大海包围了，但海水是咸的，不能饮用。整个国家除了边缘地区和少数几个地区比较湿润以外，其他地区几乎都是沙漠。你肯定会问：那样的国家能住人吗？确实有个这样的国家，它叫阿拉伯，是阿拉伯人的故乡。人们只能住在沙漠的边缘，或是少数几个有水源的地方。这样的地方叫作“绿洲”。我们平时经常吃黄油和面包，阿拉伯人则经常吃椰枣。阿拉伯人把椰枣树种得很深，阿拉伯地下很深的地方还是较为湿润的。较为富裕的阿拉伯家庭都拥有一头骆驼，只有骆驼才能忍受如此恶劣的环境。有些阿拉伯人也会养少数的绵羊、山羊和马。阿拉伯马的体型比普通的马小，但跑起来速度很快。有人说阿拉伯的马是世界上跑得最快的马，美国的一些赛马就来自阿拉伯。

阿拉伯人有一个爱好很像小孩子，就是非常喜欢听故事，尤其在晚上，完全听不够啊。很久以前，那里的国王拥有至高无上的权力，可以任意将人处死。据说曾经有一位阿拉伯国王，每天都要娶一位王后，但第二天早上就会把王后处死。后来有一位王后在第一天晚上给国王讲了一个很有趣的故事，她告诉国王，只要第二天早上不处死她，晚上就会再给他讲一个好听的故事。就这样日复一日，年复一年，王后整整讲了1001个故事。国王觉得自己已经不能离开王后讲的故事了，于是就和这位王后一直幸福地生活在一起了。后来，这些故事有一部分被翻译成其他语言，就是我们所看到的《一千零一夜》。

前面我们讲到了创立伊斯兰教的穆罕默德，阿拉伯就是穆罕默德出生的地方。大约在耶稣诞生后的600年，在一个叫麦加的地方，穆罕默德出生了。穆罕默德原来的工作是在一位富裕的寡妇家赶骆驼。寡妇爱上了穆罕默德，并与他结为夫妻。穆罕默德觉得自己受到了真主召唤，成了真主的信使，便创立了伊斯兰教。他的妻子和朋友都相信他，但麦加的其他人不相信他，并将他赶出了麦加城。穆罕默德逃到了一个叫麦地那的小镇。不久以后，就有成千上万人追随了穆罕默德，遵从了他的教义。

伊斯兰教和基督教一样有戒律。基督教有十诫，伊斯兰教有四条戒律。第一条是每天祷告5次。第二条是无论给多给少，遇到乞丐在乞讨，必须有东西给遇到的每个乞丐，哪怕仅仅给1便士。第三条是每年斋戒1个月，就像基督教的大斋节一样。第四条是一生至少要去一次最神圣的麦加，去麦加的这段旅程叫“朝圣”。无论居住在哪里，每个伊斯兰教徒都希望有生之年能去麦加朝圣一次。以前，有一位伊斯兰教国王名叫哈伦。他曾徒步几百公里从巴格达前往麦加朝圣。当然，因为他是国王，朝圣途中所到之处全都铺着毯子！

我前面和你讲过白海和黑海，沿着阿拉伯的边境，有一片狭长的海域叫红海。我不明白为什么叫它红海，我曾去过那里，红海的海水和地中海的一样蓝。本来红海和地中海之间隔着一小块土地，后来人们在那里开凿了一条运河，使船只能往返于红海和地中海之间。那一小块土地叫“苏伊士地峡”，运河就叫作“苏伊士运河”。

苏伊士运河是世界上最重要的运河之一。苏伊士运河开通前，亚洲大陆和非洲大陆之间隔着苏伊士地峡，船只走水路必须绕过整个非洲才能到达东方的亚洲。苏伊士运河堪称通往东方的水上要道。运河一度在英国管辖之下[1]。

世界上最干燥的城市就在红海的一边，名叫亚丁。亚丁常被人们称为“东方的直布罗陀”。亚丁也一度属于英国，英国占据了亚丁，就可以决定让谁通过红海，不让谁通过红海。1967 年，一个叫南也门的国家独立了，它将亚丁从英国人手中收回，并定其为首都。这样，大西洋和印度洋之间就有了三条水上通道，分别是直布罗陀、苏伊士和亚丁，它们曾经都属于英国。

① 由于运河地处非洲一个名叫埃及的国家境内，在埃及人的强烈要求下，1956 年英国将运河管辖权交给了埃及。——译者注

亚丁既没有泉水，也没有湖泊和河流，经常好几年不下雨，人们无法通过常规途径获取饮用水。后来英国人想出了一个办法，他们将海水煮沸，用大罐子将蒸发的水蒸气收集起来。因为盐分不会随着水一起蒸发，水蒸气在水罐里冷却凝结后就是淡水，可供饮用。

你可能从没听过阿拉伯语吧？但你知不知道其实你每天都写了阿拉伯语？你写的“1、2、3、4、5”就是阿拉伯数字。阿拉伯数字从“0”到“9”只有10个，但从“0”到“9”这些数字加以组合，可以写出从1到10亿，或者更大的数字。

阿拉伯离我们十分遥远，那是一片干燥、荒凉的土地，似乎和我们没有任何关联。但是，如果世界上没有阿拉伯人，我们就没有阿拉伯数字了，你也就没有《一千零一夜》的故事书可看了。

第 52 章 狮子和太阳

你见过波斯猫吗？波斯猫体型较大，非常漂亮，它的毛又厚又软。当然波斯猫产自波斯。

波斯也是个“曾经存在”的国家，也曾是全世界最强大的国家，但现在很多人都不知道波斯的确切位置在哪儿，至少我们现在在地图上再也找不到“波斯”这个名字了。波斯语中的“波斯”为伊朗，现在地图上标注的都是“伊朗”，而不是“波斯”。以前我一直都觉得家里没有从波斯来的东西，在写这一章时，我环顾了一下家里，才知道我家大约有 10 样东西来自波斯，或是与波斯有关联。

我脚下的地毯来自波斯，是用羊毛线纯手工编成的，它有美丽的彩色图案。要完成这样一张羊毛毯，一个波斯人可能要花几个月、1 年甚至几年的时间。据说有的波斯地毯需要一个波斯人用一辈子的时间才能完工。

我妻子有一条丝绸披肩，也是波斯人纯手工编织的。波斯人也养蚕，蚕结成茧，从茧上取下蚕丝，再把蚕丝纺成线，染上各种各样的颜色，就可以制作披肩了。

我妻子还有一枚戒指，上面镶嵌了蓝绿色的石头。这样的石头叫绿松石，它也来自波斯，是12月份的诞生石。在一些东方国家，人们佩戴绿松石可以避开所谓的“恶毒眼光”。人们认为，有些人的眼光很恶毒，只要被这样的人看一眼，就会遭遇厄运，戴上绿松石可以避开“恶毒眼光”。

我妻子的梳妆台上有一小瓶香水，叫玫瑰精油。波斯的部分地区种植漂亮芳香的玫瑰，他们用这些玫瑰花瓣来制作香水。

我有一个领带夹，上面镶有一颗珍珠，这颗珍珠就来自波斯湾海底的牡蛎，是那里的人潜入水里捞上来的。

我在浴室里穿的那双又宽又大的拖鞋也来自波斯。

我的书桌上有一盏台灯，叫马兹达灯，是根据波斯的光明之神的名字来命名的。

我的书架上放着一本书，叫《鲁拜集》，它是波斯诗人莪默·伽亚谟所著。

偶尔吃早饭时，我会吃一个甜瓜，甜瓜最初在波斯种植。很久很久以前，从波斯传来了甜瓜种子，我们这里才开始种植。有时我会吃桃子，桃子最初也在波斯种植。后来有人把桃核带到了美国，我们才开始种植桃树。

如果我有只波斯猫，和波斯有关的东西可能就齐全了。不过我家里只养了一条狗，并没有养波斯猫。

伊朗被人们称为“狮子和太阳的国度”，伊朗国旗上就有狮子和太阳。我不知道为什么要有狮子，不过，我知道上面为什么有太阳。波斯人以前很崇拜太阳，太阳就是波斯人的神。他们还崇拜星星、月亮和火焰。我们都称波斯人为“拜火教徒”，他们则称呼自己为“帕西人”。拜火教的主神叫“马兹达”，我书桌上的台灯就是以他的名字命名的。按照他们的信仰，光明的东西都好，黑暗的东西都不好。现在只有少数伊朗人仍然信奉拜火教，多数人是伊斯兰教徒。

伊朗有些地区的环境非常好，种植着大量美丽的玫瑰、香甜的桃子和甜瓜。有些地区则是沙漠，环境极其恶劣。世界上大部分河流都是越流越宽阔，而伊朗的河却越流越窄，直至完全干涸。伊朗的高山很多，山顶流下的雪水汇成小溪，小溪最后也会干涸，因为根本没有河口。

你们猜过字谜吗？以前有这样的字谜：一个字谜由两个场景组成，第一个场景是两个小女孩在屋里喝茶，第二个场景是一个小男孩跑着经过了这间屋子。你能猜到它是什么词吗？谜底是“德黑兰”，德黑兰是伊朗的首都（在英文里茶是 tea，跑是 run，合在一起就成了德黑兰——Tehran 的发音）。另一个字谜只有一个场景，小男孩跑过屋子，然后指指自己。你能猜出来吗？就是“伊朗”（我是 I，跑是 run，恰好构成 Iran 的发音）。我们在前文中说过，波斯语中“伊朗”就是“波斯”的意思。

波斯的统治者不叫“国王”，叫“沙”。以前，“沙”是可以要求人们做任何事的。只要“沙”乐意，就可以没收人们的全部财产，可以处死任何人。后来这样的情况发生了改变。德黑兰拥有世界上最著名的珠宝宝座——“孔雀王座”。这个宝座是纯金打造的，后背颇似孔雀开屏时的尾羽，上面镶嵌着红宝石、绿宝石和蓝宝石。

大部分宝石都是从地下挖掘出来的，如钻石、红宝石和绿宝石。但有一种珠宝却来自水中，那就是珍珠。牡蛎中偶然进入一粒沙子，就会慢慢变成珍珠，所以每颗珍珠里面都有一粒小小的沙砾，通常形成一颗豌豆大小的珍珠需要经过四五年。波斯湾出产的珍珠是全世界最精美的。采集牡蛎的工人们憋着气跳下水，迅速地捡到一篮子牡蛎，气实在憋不住了才浮出水面呼吸一下，接着又继续潜到水下。你在水中可能最多只能憋气半分钟，但那些采集珍珠的工人可以憋 1 分钟。据说有人甚至可以憋气 1 小时，当然这只有在童话故事中才可能发生。有个小男孩还写过一个关于他们的故事：“他们用衣夹将鼻子夹住，把耳朵用石蜡封住，这样就可以防止水灌进鼻子和耳朵。然后，他们把沉重的石头绑在自己脚上，从小船上一跃而下，就开始在水中收集牡蛎了。”每年都有许多采集珍珠的工人丧生，不是撞破了血管，就是溺水而亡，还有的人被一种名叫鳐鱼的毒鱼咬了之后毒发身亡。正是这些人付出了生命的代价，每年伊朗才能产出价值数百万美元的珍珠，供应给世界各国的王后（女王）和其他女士。

第 53 章
神奇的亚洲

我们这儿的市中心有一家地下超市，超市上面是街道，街道是用很厚的玻璃铺成的。在地下的超市，一抬头就能看见来往人群的脚。如果整个地球也是玻璃做的，你一低头就能看到地球对面人们的脚。地球上与美国相对的是从地图上看形状好像馅饼的国家，它叫印度。对于美国人来说，印度位于环绕地球的中间点。我们从美国出发，走地球大约一半的距离，就可以到达印度，如果继续向前走，又会返回美国。我曾经向西出发去印度，我的一个朋友向东出发去印度。我们同时在美国启程，最后在印度碰面。当我到达印度的加尔各答时，我朋友已经站在码头上等着迎接我了。在加尔各答，我们买过一种叫“卡利卡”（calico）的印花布，这种布料得名于其原产地——卡利卡特（Calicut）。

我一提到印度人，大家很可能会马上联想到印第安战斧、彩色羽毛，打仗前往脸上、身上涂抹颜料。但是大家脑海中想到的是美国印第安人，也就是欧洲人抵达美洲大陆之前居住在这片土地上的部落。

今天，土著印第安人的后裔已经极少了，他们属于红种人。①

印度人和美国人一样是白色人种，印度人口差不多是美国的4倍。印度人是根据他们国家的名字命名的。哥伦布当时的远洋航海就是为了寻找印度，他到了美洲大陆以后，以为那块土地就是印度，就把那里的人叫“印第安人”。后来人们才发现那里根本不是印度，而是一片全新的未知的土地，这片土地上的原住民是红色人种。

印度与北部的亚洲其他国家被世界上最高的山脉间隔开，那条山脉名叫喜马拉雅。全世界最高的山峰就位于喜马拉雅山脉，叫珠穆朗玛峰。珠穆朗玛峰非常高，好长一段时间都没人能登上山顶，即便如此，人们却早就知道山峰的高度了，你知道这是为什么吗？有位英国工程师成功测量和计算了珠穆朗玛峰的高度。工程师站在地面上，通过一定的测量方法，就能测出一棵树、一座教堂甚至一座山峰的高度。珠穆朗玛峰山顶终年被冰雪覆盖，从来都不会融化。

很多人都试图攀登到珠穆朗玛峰的山顶，但有不少人在登山过程中丧命，很少有人能成功登顶。山顶海拔太高，空气十分稀薄，登山的人必须带着氧气瓶才能正常呼吸。如果没有瓶装氧气，登山人每走一步，就得停下来呼吸很多次，就像有时小狗气喘吁吁地呼吸一样。走不了几步，他们就必须停下来休息，才能继续攀登。1922年，两个英国人经过几个星期的努力，爬到了离山顶只有几十米的地方，这是别人从未到达过的高度。本来和他们一起登山的还有一个同伴，可他

① 又称亚美利加人种，简称红种人，曾被认为是第五大人种，是对美洲印第安人的一种误称，直到20世纪中期仍有人沿用。美洲印第安人常在皮肤上涂红色颜料，被误认为肤色是红的，实际他们皮肤是黄色，头发长而黑，与蒙古人接近。——编者注

选择了放弃，他眼看着他的两个同伴在艰难的跋涉中被突然发生的雪崩掩埋在雪山上，再也没能走出来。当地的人们认为，山顶上住着一位“女神”，“女神”不允许其他人靠近山顶，只要有人尝试登上山顶，这个人就会遭遇厄运，甚至是死亡。

喜马拉雅山脉的另一端是一个很深的山谷，山谷十分美丽，诗人们常常把它称作“溪谷”，它就是“克什米尔溪谷”。“有谁会不知道克什米尔溪谷呢，”有位诗人曾这样写道，“世界上最美丽的玫瑰在这里盛开。”那里有清澈美丽的湖泊，有白雪皑皑的山峰，还有遍地绽放的玫瑰。和底格里斯河与幼发拉底河之间那块晒干的泥地比起来，这里似乎更像是我们想象中的伊甸园。

如果你仔细看亚洲地图，你会发现印度的两边有两个国家，名字都叫巴基斯坦。为什么两个隔开的部分会属于同一个国家呢？其实巴基斯坦是一个国家，只是后来被印度分成了两个部分。第二次世界大战后，巴基斯坦其实是印度的一部分，整个印度都是英国的殖民地。和其他殖民地的人民一样，印度人也不想被英国人统治。最后，英国人说可以放弃印度，将它归还给印度人。印度人听了非常高兴，但马上又遇到了麻烦。大部分印度人都信奉印度教，而其他人则信奉伊斯兰教，这两个宗教的教徒一直无法和睦相处。印度教徒希望国家独立后能成为一个完整的大国，但伊斯兰教徒不希望和印度教徒同在一个国家。他们知道印度教徒的人数比伊斯兰教徒多，只成立一个国家肯定会被印度教徒统治。伊斯兰教徒希望能成立两个国家，一个归伊斯兰教徒所有，另一个归印度教徒所有。在解决这个问题的过程中，

双方差点发生了战争。最后，双方同意成立两个国家，一个叫巴基斯坦，归伊斯兰教徒所有，另一个叫印度，归印度教徒所有。就这样，新成立的巴基斯坦被中间的部分印度的国土分成了两个部分。对于巴基斯坦人来说，他们的国家就像这样的一所房子：家里的厨房在街道的一边，而卧室却在街道的另一边[①]。

① 在1971年爆发的印巴战争中，东巴基斯坦已经独立为孟加拉国。

第54章

神奇的亚洲（续）

印度和美国一样，国家被分成不同的行政区域，这个行政区域叫邦。许多印度的邦都有自己的首领，叫“拉甲”。很多拉甲并没有什么兴趣管理邦内事务，他们只对怎样搜刮财富和尽情享乐感兴趣。他们喜欢钻石、珍珠等珠宝，热衷于收集各式各样的珠宝，就像你收集小块大理石一样。当然，他们的任何一件珠宝都比大理石贵上好几百万倍。他们中有的人拥有世界上最大、最珍奇的珠宝。我们可能会认为，只有女士才佩戴珠宝。但在印度，情况却不同，每当拉甲出现在臣民面前，或者参加列队行进时，都会佩戴华丽的珠宝。他们的衣领上镶嵌着珍珠、红宝石、蓝宝石和绿宝石，有的珠宝甚至像核桃一样大。在行进的队列中，拉甲坐在大象背上的宝座上，宝座位置很高，必须要用梯子才能爬上去。

印度有很多野生大象，它们被当作神圣之物，在印度射杀大象是犯法的。人们捕猎大象时只能活捉，不能射杀。捕捉大象时，几百个人围成一个大圈，把大象围在中间，击鼓吹喇叭吓唬大象。大象为了避开噪音，不知不觉就会走向设置好的围栏。一旦用棍棒（球拍）把大象赶进围栏，就会有人过去把围栏门关上。人们会设法驯服捕捉来的大象。这项工作非常困难，有的野生大象十分危险，会把人踩死。可一旦被驯服，大象就变得很有用，就像阿拉伯的骆驼、欧洲的马和美国的汽车一样有用。大象卷起鼻子时，就像是起重机，可以将木材卷起来，放到火车或船上。

拉甲还有一样很喜欢做的事，就是捕猎老虎。老虎是非常可怕的动物，栖居在印度的丛林之中。一旦肚子饿了，它就会突袭丛林附近的村庄，吃掉家养的动物甚至是人类。拉甲去打老虎时，当然会先确保自己的安全。他会和一群朋友一起去，再带上几百名仆人。仆人会在大树上搭一个平台，他和朋友就站在安全的平台上。接着仆人们就跑进丛林，敲锣打鼓，把老虎往平台那边赶。一旦老虎进入射程范围，拉甲和他的朋友就从平台上射死老虎。他们会把虎皮带回去，用来装饰拉甲宫殿的地板和墙壁。

印度有一百多种宗教，但我们上一章讲过，大部分人信奉印度教。印度教徒相信，人死后，灵魂会返回到世间，进入动物或新生婴儿体内。正因为如此，大象等好多动物在印度都能被善待。印度教徒还相信，只要活着的时候多做善事，死后就能马上重生，变成富人或好的动物。如果活着时做了很多恶事，重生后就会变成穷人或不好的动物。有时我看着家里的小狗，看着它友好善良的眼神，它会摇摇尾巴，向我伸出爪子放在我手中，这时我就会想：如果按照印度教徒的说法，小狗的身体里会不会有一个拉甲的灵魂呢？

印度西边有个大城市叫孟买，它看上去和欧洲任何大城市没什么区别，城里的建筑很像伦敦或纽约的建筑。

如果从印度出发向北走，经过两天时间，你就会到达一个叫阿格拉的小镇。镇上有两栋建筑，和世界上的其他建筑截然不同。其中有一栋建筑是一座陵墓，据说是一位伊斯兰教王子为自己四位妻子中最喜爱的那一位建造的，叫泰姬陵。有人认为它是世界上最漂亮的建筑。我去印度的时候曾到过泰姬陵。当时我晚上才抵达，看到了月色下的泰姬陵。我忙着看泰姬陵，一不小心掉到一个水池中，水没过了我的膝盖。我马上跑出来，还不小心扭伤了脚踝。即便如此，我还是觉得跑这一趟很值得。不过，在我看来，最漂亮的建筑不是泰姬陵，

而是阿格拉镇上的另一座建筑——珍珠清真寺。我不知道天堂的建筑是什么样的，但我相信，就算是天堂的建筑，也不会比珍珠清真寺更美。

印度的河流很少，最大的河流在印度的东部，叫恒河。恒河有几个河口，其中一个河口就是我前一章提到的“加尔各答”。加尔各答虽是印度的城市，但恒河的大部分河口都位于巴基斯坦。

恒河上游有一座叫贝拿勒斯[①]的城市，对印度教徒来说，这座城市非常重要和神圣。麦加城只有伊斯兰教徒才能进入，但无论你信奉什么，都可以去贝拿勒斯。贝拿勒斯建在恒河河畔，河岸铺着长长的石阶，一直铺到河里。印度各地的印度教徒都会前往贝拿勒斯，在恒河水中沐浴，不是为了洗净灰尘，而是为了洗掉自己的罪恶。他们会走到齐腰深的地方，手拿一个碗，用恒河中的“圣水”从头上淋下来。尤其是印度教徒感觉自己快要死时，就一定要去恒河沐浴。虔诚的印度教徒都不惧怕死亡。事实上，如果生活非常贫苦悲惨，一旦洗去身上的罪恶，他们反而希望自己快点死去，因为重生后就能变成更加快乐的人。

印度教徒死后，他们的尸体不会入土为安，而是会被放在火堆上焚烧。在贝拿勒斯，印度教徒的尸体都放在河岸边的石阶上进行焚烧，河边还兴起了专卖木头的生意。越有钱的人家，焚烧尸体时就可以买越多木头。但有些人家穷得连焚烧亲人遗体的木头都买不起。

印度的人口众多，粮食经常供不应求。尽管穷人每天仅仅需要不

① 1957年改为瓦拉纳西。

多的一点食物就可以生存下去，可印度每年还是有很多人被饿死。拉甲和其他有钱人吃得很丰盛，看上去一个个都肥头大耳，而那些穷人常常饿得只剩皮包骨，他们衣不蔽体，你甚至能清晰地看到他们身上的骨头。

拉甲有许多价值连城的珠宝，而穷人却连焚烧遗体的木头都买不起，这就是印度[①]。

印度南面有个叫锡兰[②]的小岛，岛上的男人身着短裙，头发上插着梳子。我们喝的茶叶有大部分都来自这个小岛。锡兰附近有世界上最大的珍珠养殖场。拉甲的珍珠大多数都产自锡兰。我也有一颗产自那里的黑珍珠，据说这种黑珍珠不管你戴不戴在身上，它都能给你带来好运。尽管如此，我从没有随身带过它。

印度有一些著名的魔术师，我在锡兰就看过魔术表演。有个印度的魔术师把自己的妻子装在一个篮子里，将披肩盖在篮子上，用剑从各个方向刺穿篮子，让观看表演的人都捏了一把汗。最后，披肩被掀开，他的妻子却毫发无损，还向大家微笑打招呼。他还把一颗种子放进花盆里，花盆里很快就长出一棵植物。魔术师究竟是如何做到的呢？我们只能自己去思考了。

---

① 作为印度特定时期的历史称谓，拉甲已经不复存在，不过印度贫富差距依然很大，低阶种姓的人多处于赤贫的生活境地。

② 今天被称为斯里兰卡。

第 55 章
白 象

印度曾经有一个叫乔达摩的王子。他从小就过着十分富有的生活，可以拥有世界上一切他想要的东西，所以他一直快乐地成长着。他从来没有见过穷人，也从来都不知道贫穷悲惨的生活是什么样子，以为世界上每个人都像他那样过得富裕快乐。直到有一天，他长大成人，走出宫殿去旅行，他第一次惊讶地发现，原来这个世界上还有那么多穷人、病人和生活不如意的人。眼前的一幕幕场景深深地触动了他，他决定把自己所有的东西都捐献出来，一辈子去帮助那些真正需要帮助的人。他从一个地方走到另一个地方，在帮助别人的同时还进行布道宣讲，告诉人们何为对错。后来，人们开始叫他“佛陀”，意思是“知晓一切的人”，并且开始崇拜他。就这样，在耶稣诞生之前的 500 百年左右，兴起了一门新宗教——佛教。

佛陀去世之后，佛教徒便派传教士到别的国家去传播佛教，就像基督教派传教士到其他国家传播基督教一样。过了很长一段时间，印度有很多人已经厌倦了佛教，他们开始创建其他的宗教，多数人信奉了伊斯兰教。但在印度的东部，有几个国家依然信奉佛教，不过，现在他们的崇拜仪式变成拜神了。

印度东边的这些国家里，一个叫缅甸，一个叫泰国。我们已经知道，伊斯兰教的教堂叫清真寺，佛教的叫塔。缅甸以前的首都仰光（现在的缅甸首都是内比都）有一座全世界最恢宏的佛教塔——仰光大金塔。这座塔看上去很像一个倒置的冰激凌蛋筒，它和华盛顿纪念碑的高度差不多。整座塔是用砖砌成的，外面镶着一片片纯金，在太阳的照射下十分耀眼。塔基的周围有几间小屋，每间小屋里都放着一座佛像。塔中放置着一个盒子，据说那里面放着八根佛陀的头发。你猜一猜塔顶有什么呢？我们前面讲过，教堂顶部会放十字架，清真寺顶部会放一轮新月，而这座塔的顶部是一把雨伞，伞上挂着铃铛。

在亚洲，大部分人以大米为主食。他们会把大米煮熟后食用，既不放糖，也不放奶油，早餐、午餐、晚餐都吃大米。仰光是世界上主要的大米产地和交易市场之一。

缅甸人和泰国人看上去更像是中国人，和印度人不太像。缅甸是共和制的国家，而泰国是王国。第二次世界大战发生之前，泰国叫暹罗，第二次世界大战结束后才改称泰国。如果有个原本叫琼斯的人突然把名字改成了贝克，很多人都会觉得不习惯，仍然喜欢叫他琼斯。泰国也面临同样的情况，现在还是有很多人把泰国叫作暹罗。

暹罗实行君主专制，国王可以做任何自己想做的事情。我小时候，如果有一个人总爱指手画脚，命令别人干这干那，我们就会问他：“你以为你是谁？你以为你是暹罗的国王吗？”

现在，泰国的国王必须按照法律来统治国家，不能再像他的祖辈那样随心所欲了。

佛教徒相信人死后灵魂会进入动物的体内。他们认为国王去世后，他的灵魂会进入白象体内，白象在泰国是非常神圣的动物。白象的颜色并不是白色，其实是灰色的。一旦在象群中发现了一头白象，就要献给国王，它会给国王和整个国家带来好运。皇家白象一直都无所事事，后来，我们就把已经没什么用处，却还得留着的东西称作“白象”。我的朋友有一辆又破又旧的汽车，已经不能开动了，既卖不掉，也没法送人，放在车库中还占空间，他就把这辆车叫“白象”。

除了皇家的白象以外，普通白象有很多用途，可以当汽车、卡车和拖拉机来使用，它的价格和汽车差不多。大象可以载人、运货物和木材，还可以耕地。骑象人坐在大象头后面一点的地方，用脚碰碰大象的这边，然后再碰碰大象的那边，让它知道该做什么。聪明的大象真的能按照主人的指令做事。大象每天都会按时工作，它知道什么时候开始干活儿，什么时候可以休息，仿佛是有工会组织的工人。但是，大象每天至少要洗一次澡才肯干活儿。

我们知道，木头一般都会浮在水面上，但缅甸有一种木材却很重，放进水里就会沉下去，这种木头叫柚木。当地人把柚木做成家具，能防止白蚁啃咬。大象经常做的一项工作就是搬运柚木。我经常会想：如果我能拥有一头大象那该多好啊！于是我就买了一头带回家摆在了桌上。当然这不是真的大象，只是一个青铜做的大象工艺品。

泰国的旁边有一片狭长的地带，它就像是从泰国延伸出来的大象鼻子，叫马来半岛。离马来半岛顶部0.8公里左右的海域有一个小岛，叫新加坡。新加坡曾是一片丛林，里面有很多毒蛇和猛虎。新加坡的主人想把这个小岛送人，可无论如何都送不出去，没有人想接手这么可怕的岛屿。最后，他以非常低廉的价格，把这个小岛卖给了一个叫莱弗士的英国人，英国人就在新加坡岛上建起了一座城市。你是不是觉得很奇怪：为什么英国人会要这样一座小岛呢？那是因为这里是东西方之间又一条重要的水上通道。那里的岛屿之间有一条狭窄的水上通道，它是唯一适合船只通行的通道，它就像直布罗陀、苏伊士和亚丁一样，英国也想控制这条水上要道。第二次世界大战中，日本从陆路进军，占领了新加坡。最后日本在战争中失败了，英国又重新控制了新加坡。新加坡是来往船只停靠最重要的港口之一，那里有一个“莱弗士酒店”，就是以莱弗士的名字命名的。在酒店的大厅里，你能看到来自世界各地的人。

新加坡几乎处在地球的赤道上，到南极和北极的距离都差不多。水手都认为，第一次驶过赤道时，必须要接受海神尼普顿的洗礼。我第一次坐船经过赤道时，就接受过这样的洗礼。我刚刚走出甲板，没等我反应过来，两个水手就出现在我的身边，其中一个水手拎着我的胳膊，另一个水手抱着我的两条腿，把穿着衣服的我一下子就扔进了一个大水池中。我急忙从里面爬出来，没等我喘几口气，他们又把我推进一根长长的管道中，我必须从管道中爬出去。我刚从管道中爬出来，他们又拿起船桨在我背上拍了一下，然后把我带到海神尼普顿面前。海神尼普顿坐在宝座上，身穿浴袍，戴着硬纸壳做的皇冠，手中拿着一个叉干草的叉子。然后水手递给我一张证书，就像大学毕业时那样，他告诉我，我已经接受了应有的洗礼，成为穿越赤道的人。

马来半岛的附近是东印度群岛和香料群岛，哥伦布当时也是想要找到这两个地方。苏门答腊岛是东印度群岛中的一个岛屿，形状就像一支胖胖的雪茄，岛上种植的烟草是专门用来制作雪茄的。爪哇岛是东印度群岛的另外一个岛屿，以盛产咖啡著称。我去爪哇岛的时候，很期待能在当地喝到美味的咖啡，尝试了很多地方后，终于尝到一杯比较好喝的，但它的产地竟然是巴西！

在爪哇岛，我还看到了像雄鹰那样大的蝙蝠和像手掌那样大的蝴蝶。

第 56 章 温度计冻住的地方

大部分温度计的刻度只会标到“零下 40℃”，一旦低于这个温度，温度计中的水银柱就会被冻住，没有办法再正常显示温度。世界上很少会有地方出现这种情况。你觉得世界上最冷的地方在哪儿呢？你可能会觉得是在北极吧。其实不然，世界上最冷的地方在西伯利亚，那里的温度就可以低至零下 40℃以下。

西伯利亚在我们前面说过的“熊国”俄罗斯境内，它的北部地区与瑞典和挪威一样，一整个冬天都见不到太阳，也就是会出现我们所说的极夜现象。可是西伯利亚并不像瑞典和挪威那样有温暖的墨西哥湾暖流经过，所以当地温度会低到零下 40℃以下，用普通温度计根本无法测量，只能用一种特殊的温度计。最冷的地方可以达到零下 90℃，那里是世界上最冷的地方。当地居民没有像动物那样厚厚的皮毛，只能把自己从头到脚裹上厚厚的动物皮毛，免得被冻死。

当然，西伯利亚并不是所有的地区都那么寒冷，它分为北部、中部和南部三个地区。北部地区十分寒冷，很少有人居住，地面下几米的地方都是冰冻着的，任何植物都无法生长。夏天天气变暖，当地又会变得非常炎热，最高气温可达到72℃。地表的冻土开始解冻，深层的土壤却仍然结着冰，苔藓和少数别的植物可以短期生长。西伯利亚面积比美国还要大，隶属俄罗斯，那里居住着各个民族的人。

西伯利亚的中部地区不是非常寒冷，那里生长着茂密的森林，森林中有很多野生动物，如狐狸、狼和貂。貂是一种小体型动物，皮毛美丽厚实，而且很保暖。貂通体雪白，只有尾巴尖上的毛是黑色的，它们喜欢干净，总是让自己一尘不染。

猎人们会捕杀野生动物，用动物皮毛做成保暖的衣服。国王和法官穿的一些正式的长袍就是用貂的皮毛做的，以此彰显自己的干净和纯洁。很多张貂皮才能做出一件斗篷或外套，貂尾巴尖上的黑点也会均匀地呈现在貂皮外套上。

世界上最长的铁路在西伯利亚南部地区，乘火车从一头到另一头需要两周的时间。铁路的一头位于太平洋沿岸的符拉迪沃斯托克（又称海参崴），另一头位于莫斯科。这条铁路名叫西伯利亚大铁路，因为它横贯了整个西伯利亚。

大部分西伯利亚人都住在铁路沿线，但是当你坐火车时，你可能连续几百公里都看不到任何村落，有时候甚至连一栋房屋都没有。村镇通常在离铁路较远的地方，从火车站到村镇要走很长的路。当地的火车不是烧煤作为燃料，而是烧的木头，铁路边随处可以看见成堆的木头，火车会在固定的地方停下来加木头，就像汽车加油那样。

西伯利亚主要城市的名字都是以“克”字结尾的，如鄂木斯克、托木斯克和伊尔库茨克。

有个刚刚到西伯利亚的人，向当地人打听去火车站有多远，那人回答：“你如果朝前一直走，就有 4 万公里，但是如果你转个身，走两个街区就能到。”

你觉得西伯利亚离美国有多远呢？是 12000 公里，还是 16000 公里？都不对。实际上，西伯利亚离美国最近的地方只有大约 80 公里，就是从阿拉斯加到西伯利亚的那段路。西伯利亚与美国的阿拉斯加之间隔着一条狭长的海峡，叫白令海峡。这里海水封冻的时候，人可以步行从亚洲到达美洲。地图上还可以看到一长串岛屿，它们像一个个石阶铺在西伯利亚和阿拉斯加之间，要是真有巨人，就可以踩着它们，过到另一边去了。有人说，生活在阿拉斯加与美国本土的印第安人和因纽特人的祖先很可能就是渡过白令海峡，从亚洲来到美洲的，准确地说，是从中国来的，所以他们看上去像中国人。

第一次世界大战前，俄罗斯叫俄国，在沙皇统治之下。只要有人反对沙皇，或者被认为是反对沙皇的，或者说过反对沙皇的话，或者有反对沙皇的想法，那个人就会被抓起来，被发配到远离自己的家人和朋友的地方——前往西伯利亚的煤矿干活儿。因为沿途的环境十分恶劣，很多人在到达西伯利亚之前就已经死掉了，大部分人都没能活着回来。

第一次世界大战结束后，俄国爆发了一场革命，推翻了沙皇的统治，苏联革命者开始统治俄国。他们还进行了很多变革，如：建造学校，处死地主，把地主的土地分给贫苦的农民。除此之外，他们还建了工厂，开了商店，建造铁路和航空公司，在很多河上都修起了大坝，用水力发电来供应工厂的电力需求。

第 57 章
巨大的海蛇怪

在远古时代，人们相信这个世界上有海蛇怪。他们说，在离中国大约 1600 公里的海域就有一头巨大的海蛇怪。海蛇怪脊背拱起的地方看上去像一些岛屿。它沉睡了很久很久，醒来一翻身，小岛就不断晃动。那时的中国人一点儿都不怕，有一些中国人来到了这些岛上，在那里安了家，尽管他们知道海蛇怪在沉睡中也偶尔会翻翻身。现在我们都知道，那些小岛其实就是海里古老的火山，那里的大部分火山都处在休眠状态，使岛屿晃动的其实是地震。那个岛屿上的人把自己的国家叫“日本”，意思是“太阳升起的土地”。其实世界上每个地方都有太阳升起，但那时，日本人以为只有自己的国家才能看到太阳升起，所以日本的国旗是白色的，中间有一轮红色的太阳。

中国人和日本人都是黄种人，但日本人和中国人的差别很大。日本人擅长学习和模仿，他们引进了中国的文字、佛教、用筷子吃饭的方式等，因为除了中国之外，当时的日本人对其他国家的情况完全不了解。

这种情况在后来被改变了。100 多年以前，一个叫佩里的美国海军军官想进入日本的领土。他装了满满一船来自美国的物品，想作为礼物献给日本的皇帝。日本的皇帝叫天皇，日本天皇从未见过那么多新奇的东西，看了之后非常高兴，就想买到更多这样的东西，也想更多地了解制造这些东西的国家。佩里就告诉天皇："让美国人进入日本吧，我们会在这里卖美国产的东西，也会买日本产的东西。"于是天皇同意了。从那以后，日本的贸易开始向外开放，日本人的眼界也开阔多了。在此之前，除了中国，日本丝毫不了解其他国家。他们听说美国的火车、电报和各种机器之后，觉得特别神奇，就派了大批有才华的年轻人到美国和欧洲各国学习。这些年轻人学成归国后，就把学到的知识和技术传授给日本国内的人。我刚才讲过，日本人擅长学习，他们很快就掌握了各种知识和技术。很快日本就变成了一个发达国家，当然，日本人在学习的时候，既学会了好的东西，也学会了不好的东西。他们不仅学会了制造有轨电车、电灯和汽车，还学会了制造战舰、飞机、坦克和枪炮，并建立了一支先进强大的军队。后来，日本空袭轰炸了珍珠港的美国舰队，促使美国加入了第二次世界大战。战争以日本的失败而告终，从那以后，日本再也不能拥有大规模的军队，也不能大规模制造战舰、坦克和枪支等军事武器了。

日本人模仿美国人制造的第一件东西是成人坐的"婴儿车"。日本的马匹很少，一名住在日本的美国水手给自己的妻子做了一辆放大版的婴儿车，雇用日本人来拉车，当时雇用一个日本人比租一匹马拉车要便宜得多。日本人把这样的车叫"人力车"。他们觉得人力车十分好用，就仿造了几千辆。20 世纪初，日本、中国和其他东方国家都曾盛行人力车。拉车的人叫人力车夫。人力车夫的身后拉着一辆人力车，他们每天都要拉着不同的客人四处奔跑，好像永远不知疲倦似的。如果你站在人力车后面，会看到非常有趣的情景：人力车的车篷会挡住车夫的上半身，只看到两条腿，看上去像人力车自己长了两条腿一样在不停地往前跑。

日本的城市中，有许多男士的穿着打扮和我们一样，可无论是男人还是女人，很多人依然穿着日本的传统服饰——和服。和服看起来很像你的母亲或姐姐在家里穿的睡袍。

日本有两个专为小孩子庆祝的重要节日。一个是为女孩子庆祝的节日，在 3 月 3 日，叫“偶人节”。节日当天，女孩们会把自己所有的玩偶全都拿出来，摆放得整整齐齐，开心地玩自己的这些玩偶。另一个是为男孩子庆祝的，在 5 月 5 日，叫“风筝节”。节日当天，只要家里有男孩，人们就会在房子的前面竖起杆子，挂上鲤鱼形状的纸风筝。鲤鱼是一种在河里逆流而上的鱼，逆流而上比顺流而下要困难多了。日本人想通过这种方式告诉所有男孩子，要像鲤鱼一样迎难而上，绝不能拈轻怕重。

日本人非常喜欢各种花花草草，每年鲜花盛开的时节，日本都会有专门的假期。有一个节日在春季，樱花、李花、桃花群芳斗艳。另一个节日在秋季，各种各样的菊花竞相开放。无论房子大还是小，日本的每栋房屋都有一个小小的花园，营造出田园风情。花园里有模拟的小型湖泊、山脉、河流和小桥。所有的东西都栩栩如生，从照片上看就像真的河流和山脉一样。日本人还会把橡树、枫树等培植成非常矮小的植株，从图画上看，这些树木好像高达 30 米，有百年树龄，但其实只有大约 0.3 米高罢了，不过，也许它们中有一些确实有 100 年左右的树龄了。

第58章
风景明信片

我从日本回到美国以后，就给一些日本小孩寄去了明信片。我挑选了一些最富有代表性的、最具美国特点的景物的明信片。一张是华盛顿的国会大厦，一张是尼亚加拉瀑布，还有一张是纽约的摩天大楼。每一个小男孩都给我回了一封薄薄的信，有的在信里画了日本最具有代表性的景物，有的在里面夹了一张图片，图片上也是日本最有代表性的景物。

有三张图表现的都是同一个景物——一座很漂亮的山，峰顶白雪皑皑，这是日本一座很神圣的山，富士山。其实它不是一座真正的山，而是休眠的火山，山的顶部终年覆盖着厚厚的白雪。你从大老远便可以看见它，日本人非常喜爱富士山，从很多东西上都可以看到富士山的影子，比如在扇子、盒子、碟子、雨伞、灯笼和屏风上面。即便是影后和漂亮的名人，也没有谁能像富士山一样有那么多美丽的照片。

还有两幅图的上面是位于树林中的一座巨大的青铜佛像。雕像非常大，佛像的大拇指上就可以坐五六个人。眼睛约有1米长，是用纯

金做成的，前额上有个非常大的球，是用白银做的。日本人叫它伟大佛。我们可能只是把它当作一个普通的佛像，而日本人一般用佛像来纪念知名的人物和圣人，就像我们的纪念碑一样。这些佛像是在提醒人们要记住那些睿智、善良的逝者，永远将他们作为我们学习的榜样。

除了这两个景物之外，还有一些图片上是其他的景物：

东京的街景。

东京是日本现在的首都，是日本最大的城市，也是世界上最大的城市之一。日本以前的首都是京都。东京、京都以及其他的日本城市和我们的城市都截然不同，它们没有摩天大楼，也很少有两层以上的建筑，大部分建筑都是木制的。这是什么原因呢？因为日本现在仍然经常会发生地震，高楼大厦都很容易在震中倒塌。日本几乎天天都有小地震，每隔一段时间又会发生大地震，用木头搭建房屋更安全一些。但是由于房子是木头做的，灯和炉子在地震中非常容易引起火灾，一旦引发火灾，就会烧毁好几千栋房子。

日本有些高楼是抗震的。这些楼房的整体构架都与地下较深的水泥平台浇筑在一起，不是直接建在岩石上的，这样，地震发生时它们就不会轻易倒塌。

日本的房屋。

日本的房屋是木头做的，窗户是纸糊的，地板上铺着草席。日本不是根据地板大小来制作草席的，而是根据草席的大小来铺设地板。所有草席的大小都一模一样，铺设地板时，日本人会说6张草席大小、10张草席大小或更多张草席的大小。为了保持草席的清洁，日本人在进屋前都会脱鞋，穿着袜子走进屋。日本的袜子很像连指手套，四个脚趾相连在一起，与脚的大拇指分开。你肯定不会穿鞋子上床睡觉吧？日本人从来都不会穿鞋子踩到草席上。

日本人屋里是没有椅子的，所有人都坐在地板上。我们在地上坐的时间太久，就会觉得很不舒服。日本人却非常喜欢坐在地板上，我在火车站见到过日本人有长凳不坐，偏偏喜欢盘腿坐在地上。我不知道是什么原因，有些美国的小女孩也喜欢盘腿坐在椅子上，男孩子从来不会这么坐，或许小女孩有一丁点儿像日本人吧。日本的桌子腿只有几厘米高，吃饭时每人面前都要放一张这样的桌子，桌子上放上食物。所有人都双膝跪地，坐在地板上吃饭。日本人也没有床，睡觉都睡在草席上，把加了衬里的和服当被子盖，用硬硬的木头当枕头。

日本人有一个特点很像大象。你猜猜是哪一点？前面我们讲到泰国时就说过大象一天至少要洗一次澡，否则就不愿干活儿。日本人也常常洗澡。以前中国人很少洗澡，还说日本人是因为身上太脏了，才需要经常洗。其实日本人喜欢洗澡这一点倒不奇怪。令人奇怪的是，一家人洗澡都用的是同一盆水，一个人洗完了另一个人接着洗，中间不换洗澡水。他们的浴缸看起来更像是被锯掉了上半部分的大木桶，里面只能坐，不能躺。桶里的水比较热，皮肤上的毛孔很容易张开，洗澡的人爬进去之后，在里面泡上一段时间，然后再爬出来把自己擦干。

两个日本人用一根木棒抬着一个桶。

我看不见桶里是什么，但知道里面装的东西肯定是鱼。日本国内牛、羊、猪等动物很少，加上日本虔诚的佛教徒都不吃肉，所以日本人很少吃肉。但日本人吃很多鱼，他们认为鱼不是肉。日本人吃的鱼可能是全世界最多的，比盛产鱼类的挪威还多。日本是一个岛国，四面环海，随时都可以捕到很多鱼。鱼贩会把鱼装在水桶中，让鱼活着，保持鱼肉新鲜。

种着水稻的水田。

在日本，大米是最主要的食物，茶是最主要的饮料。日本人喝茶不加糖，也不加牛奶。日本有很多茶室和茶园，里面有艺伎，艺伎会给客人倒茶，还会边弹琴边跳舞，给客人提供娱乐。她们弹的琴很像班卓琴（又称五弦琴，以往多在传统非裔美国人的音乐和 19 世纪的走唱秀中出现，现在多用于弹奏乡村音乐）。

还有一封信上画的是一道高高的木门，这种门在日本叫“鸟居”，意思是“鸟歇脚休息的地方”。日本有很多鸟居，有单独的，也有成排的，通常被作为通往寺庙或神社的门，是很神圣的门。

另一张图片上是很大的石灯笼，日本的寺庙和花园中有很多石灯笼。石灯笼发出的光很暗，主要是起装饰作用。日本还有一个灯笼节，当然这里说的灯笼和我们用的纸灯笼是一样的。

还有一张图片上是三只用木头雕刻的猴子，这三只猴子在日光市一个最大的神社中。一只猴子用爪子捂着自己的耳朵，一只猴子把爪子捂在嘴上，还有一只猴子用两个爪子蒙住了眼睛，意思是“不听邪恶的事，不讲邪恶的话，不看邪恶和丑陋的东西”。

还有一张图片上是两个很胖的男人在一块空地的中央蹲伏着身子，两人面对面，周围坐着几千名观看的人。这两个很胖的男人看起来好像是在摔跤。我们前面说过，斗牛是西班牙的全民运动，篮球是美国的全民运动，看起来好像是在摔跤的那种运动是日本的全民运动。日本有两种类似于摔跤的运动。一种叫相扑，双方就像图中画的一样，都是几百斤重的人。相扑比赛有很多人观看，就像我们看棒球赛或篮球赛一样。比赛双方蹲伏着身子，像两只巨大的牛蛙，大部分时候其实就待在原地不动，寻找机会抓住对方。在美国人看来，这样的摔跤一点动感都没有，大部分时候都在等待，只要一方抓住另一方，比赛通常也就结束了。还有一种类似摔跤的运动叫柔道。柔道是一种技巧性很强的运动，即使是个头很小的人，只要知道其中的诀窍，都能抓住对方的胳膊、手或腿，把比自己强壮很多的人摔倒在地，使对手动弹不得。我在日本看到很多学校都有学生在练习柔道，两人一组，练习迅速移动以及柔道的各种技巧。

相扑和柔道是日本非常传统的运动。日本还从其他国家学会了棒球等各种各样的运动。棒球在日本非常受欢迎，和美国一样，日本每场棒球赛都有很多人观看。

最后一封信中有一张日本天皇的照片。很多以前有皇帝的国家现在都改变了体制，开始由总统领导。日本虽然在很多方面都发生了迅速的转变，但在这一点上却始终没变，以后可能也一直都会有天皇。现在这个天皇的家族已经统治日本2000多年了。“二战”失败后，日本得到其他国家的许可，保留了天皇。在“二战”以前，日本人都认为天皇是神圣的，把天皇当作神。现在日本人已经不再崇拜天皇了，但仍然非常尊敬天皇。

第59章
人造山

你们知道吗？地球上最大的两个大洲都是以英文字母“A”打头的。

亚洲（Asia）是世界上最大的大陆。

非洲（Africa）是第二大的大陆。

非洲常常被当作“挡道”的大陆，挡住了西方人去亚洲的路。所有人都想绕过非洲，不想踏上非洲大陆。有的船只在非洲大陆沿岸翻船，很少有船员能活着回家给人们讲一讲非洲丛林中的野生动物和野蛮的黑人。非洲有“黑暗大陆”之称，外面的人没人了解这片大陆，也不想了解这片大陆。就像孩子们害怕黑暗一样，人们也害怕这片“黑暗的大陆”。非洲大陆靠近地中海的边缘居住着白人。那块地区的南部有一片巨大的沙漠，没人敢穿越。沙漠的南面生活着黑人和野生动物。但是在非洲的一个角上，靠近亚洲和红海的这个角上，一直生活着许多白人，在长达几千年的时间里，这里一直由权力强大的国王统治，这个国家就是埃及。

你看到过100岁的人吗？我看到过5000岁的人哦，他是一个真人，已经风干了，以前是埃及的一位强大的国王。他不希望自己死后化作尘土，因为一旦化作尘土，就不能在世界末日时重生了。他下令，自己死后尸体必须经过药水浸泡，用布裹起来，上面压一座巨大的石山，这样就不会有人接触到他的尸体，也不能任意搬走他的尸体了。他生前就下令造好了一座石山。其实没有人知道自己死后会发生什么事，那位万民臣服的国王现在已经变成了木乃伊，被陈列在一座博物馆中。博物馆的管理员经常会帮木乃伊掸去他脸上的灰尘，打扫时也

会挪动木乃伊。许多埃及国王的木乃伊现在都放在博物馆里。

这些石山叫金字塔，是“世界七大奇迹”之一。以前埃及的国王生前就会把金字塔建好，死后可以作为他的陵墓。每位国王都希望比前面的国王建造更大更好的金字塔。最大的金字塔是为一位叫胡夫的国王建造的。胡夫在耶稣诞生前 3000 年就去世了，据说胡夫下令用 1 万人花了 10 年时间才建好这座金字塔。

金字塔外表最初是用石头砌成的光滑的斜墙，后来当地人从金字塔上取下石头建造了其他建筑。现在金字塔的外表已经变得坑坑洼洼的了，你可以踩着石头爬到塔顶。胡夫金字塔和其他金字塔都是用石头建成的，它中央有一个小小的空间，用来存放国王的尸体和他生前使用过的东西。古代的埃及人相信，人去世后会进入长长的睡眠，世界末日来临之际，人就会醒来获得重生。所以他们下葬时旁边会放上家具以及生前使用过的东西，这样，等重生时他们就又可以接着使用了。胡夫被葬入金字塔后，把通向里面的通道都用石头封了起来，封口做得很好，一点都看不出痕迹，可以防止别人进去偷走他的尸体。没想到，后来还是有人进入了金字塔，偷走了他的尸体和他想着来生再使用的东西。如果胡夫真的可以重生，到时候他的灵魂肯定找不到他的身体了。

古代的埃及人崇拜神话中的诸神，甚至崇拜动物。公牛和甲虫就被他们当作神圣的动物，人们还制作了公牛和甲虫的木乃伊。现在埃及 90% 的人是伊斯兰教徒，他们不再建造金字塔，而是建造漂亮的清真寺了。

这些金字塔附近还有一座狮身人面像。那是一座巨大的斯芬克斯的石头雕像，身体是狮子，头是埃及以前的一位国王。古希腊神话中有一个带翼的狮身女怪，她的身体是狮子，头是一个女人。女怪会坐在路边，让路过的人猜谜："什么东西早上四条腿，中午两条腿，晚上三条腿？"路过的人如果答不上来，女怪就会一口把他吞到肚子里。最后终于有一个人答对了："是人。人小时候就相当于一生的早上，是手脚并用爬行的，所以是四条腿；长大后就相当于一生的中午，是用两条腿走路的；老了后就相当于一生的晚上，除了两条腿，还多了一根拐杖，所以是三条腿。"希腊的狮身怪物（斯芬克斯）是女的，埃及的狮身人面像却是男的，他不会让人猜谜，他是埃及人的太阳神。

狮身人面像和金字塔都在一条河边，这条河也是埃及唯一的较大的河流，叫尼罗河。你有没有听说过"鳄鱼的眼泪"这个说法？鳄鱼是生活在尼罗河的一种大型动物。古埃及人说，鳄鱼会抓住埃及的小男孩，吃小男孩的时候还会流泪，好像很心痛似的。后来，如果有人在假情假意地哭，人们就会说他在流"鳄鱼的眼泪"。尼罗河分成几条支流，最后汇入地中海。支流之间的土地叫"三角洲"（Delta），"Delta"还有个意思，是指希腊字母中的第四个字母"Δ"。你看，很久以前的人们也用常见的事物给地域命名，因为他们认为这两者具有相似的形状。

埃及北部几乎不会下雨，南方到夏季却有过多的雨水，那时尼罗河就会泛滥，洪水会冲垮河岸，冲毁农田和村庄，留下大量的泥土。这样的泥土非常肥沃，洪水退去后，埃及人就在这上面种植小麦和优质的棉花。以前尼罗河每年会泛滥一次，其他时候河水很浅，人们必须走下河岸才能打水。后来，埃及人在尼罗河上游一个叫阿斯旺的地方建造了一个巨大的水坝。水坝能起到储水的作用，并形成了一个大湖。现在尼罗河下游不会再发洪水了。一旦下游需要用水，水坝的闸门就会打开放水。建造阿斯旺大坝时，中间有一座很漂亮的古老神庙没法搬走，现在神庙几乎都被淹在水下了。

你可能有小伙伴叫亚历克吧？下面我要讲的这个人也叫亚历克。他生活在2000多年前，是希腊一位伟大的国王，全名叫亚历山大。亚历山大在尼罗河的入海口建造了一座城市，根据自己的名字把城市叫亚历山大。亚历山大去世已经2000多年了，但亚历山大这座城市至今依然充满生机，成为埃及主要的海港。

从亚历山大市沿着尼罗河往北（在三角洲的起始点附近）是一个叫开罗的城市。开罗是埃及最大的城市，也是非洲最大的城市。你坐飞机飞过开罗时往下看，就知道埃及大部分人不是基督教徒，而是伊斯兰教徒。因为经过基督教城市上空时，你可以看到教堂的尖顶，而经过开罗时，你看到的却是形似碟子的圆顶和形似蜡烛的光塔。全世界最漂亮的清真寺大多都在埃及。

第60章
沙漠国度

从直布罗陀渡过几公里的海峡，便到了一个叫摩洛哥的国家，那儿住着摩尔人。虽说只相隔几公里，这两个地方却有着天壤之别。一天早晨，吃过早饭，我乘着一条小船从直布罗陀（这里的人都是基督教徒，都说英语，穿着也和我们的差不多）出发，中午时就到了海峡对面的摩洛哥，那里的人都信奉伊斯兰教，说阿拉伯语，身着像被单似的袍子。我置身其中，像是到了马戏团观看余兴表演一样。

临行前一个朋友跟我说，到了对岸先找一个叫穆罕默德的向导，说他可能就在码头。我的船到达那里时，码头上挤满了身穿白色长袍的人群，我一上岸就大声地喊：

“穆罕默德！这里有位叫穆罕穆德的向导吗？”

一时间码头上的人似乎都向我这边涌过来，他们挥舞着手臂大声喊着：“我是穆罕默德。”我的那位朋友事先并没有告诉我，伊斯兰教徒都喜欢用他们的先知穆罕默德的名字给孩子们起名字，在摩洛哥，叫“穆罕默德”这个名字的人就像是纽约叫“约翰”的人一样多。

世界的五大洲都有沙漠，有的大，有的小，而世界上最大的沙漠在非洲，它叫撒哈拉沙漠。它比美国的整个国土面积还要大，横跨整个非洲大陆，其中一端与埃及毗邻。撒哈拉沙漠与海岸沙滩的沙质不同，它有的地方多石，有的地方纯粹是干土，什么植物也不生长，没有任何生物的迹象。只有少数地方有些水，这些有水的地方，长着一些海枣树，居住着一些人。这些地方叫绿洲，有些绿洲长宽都可以达到几十公里。人们靠骆驼从一片绿洲跋涉到另一片绿洲，这之间没有路，也没有路标，像在海上一样，他们必须借助指南针和星星来辨别方向。沙漠也像海一样总是在移动变化着。狂风刮起大量的沙子，在这里形成一座沙丘，在那里又形成一座沙谷，随后，大风改变了所刮的方向，以前的沙谷变成了沙丘，以前的沙丘又变成了沙谷。如果沙漠中的风暴刮得狂烈，持续的时间又长，那是很可怕的事。而这样的沙暴时常会有。一旦遇上沙暴，人会被活生生地整个儿埋在下面，就像是下雹暴那样——只是沙粒不会融化。许多年之后，这些被埋的人的白骨会被变向风刮得裸露在外面，路过的人看到这种情景，想到自己也随时可能会遭到这样的厄运，都会不寒而栗。

第61章
害怕黑暗

从撒哈拉沙漠北端到南端只能骑骆驼或坐飞机，骑骆驼需要2个月左右的时间。沿途既没有铁路，也没有公路。沙漠南部边缘有一个地方叫廷巴克图。在美国，如果有人要描述一段非常远的距离时，就会说“就像从卡拉马祖到廷巴克图一样远”。卡拉马祖在美国的密歇根州，廷巴克图在非洲。如果旅行队要穿过撒哈拉沙漠到地中海沿岸的国家，都会从廷巴克图出发。那些来自地中海沿岸国家的旅行队也都把廷巴克图当作他们旅行的终点。

撒哈拉沙漠很少下雨，但非洲南部有个国家叫苏丹，雨水量非常充沛。“苏丹”的意思是“黑人的土地”。

小时候，我们常常说上帝在白天创造了白人，晚上创造了黑人。也有人说，黑人是白人晒黑之后变成的。那些人居住的地方太热了，晒黑之后就不会再变白了。

苏丹有一条很大的河流，叫尼日尔河。像非洲的尼罗河一样，尼日尔河流经的土地也都非常肥沃，它最后汇入几内亚湾。几内亚湾周边有许多小国家，除其中的一个外，其他都是属于欧洲的国家。

这个例外的国家就在几内亚湾的一角，叫利比里亚。利比里亚很像微型的美国，事实上，利比里亚就是仿照美国建立的。不同的是，利比里亚的人都是黑人。接下来，我就告诉你利比里亚是怎样仿照美国建造的。

美国刚刚成立时，白人希望有人能为自己做农活儿和其他工作。海盗瞄准了这一发财的机会，从非洲沿岸抓了很多黑人，把他们带到美国，卖给白人当奴隶。以前，地中海的海盗还会抢劫过往船只，让船上的白人船员当自己的奴隶。今天，大部分美国黑人的祖先都是那些被卖到美国当奴隶的非洲黑人。后来，很多人都认为，这些黑人的祖先非常可怜，他们远离家乡，被卖到美国当奴隶，应该让他们回到自己的家乡。直到门罗当上了美国总统（美国第五任总统），他实行了一系列政策，恢复了一部分黑人的自由，用船将那些想回家的黑人送回了家乡。俗话说得好，“金窝银窝不如自己的狗窝”，对于黑人来说，家乡可能就是野生的丛林，但他们还是希望能回到自己的故土。回去后，他们就建立了一个小小的国家，叫利比里亚，意思是“自由的土地”。首都用门罗总统的名字命名为“蒙罗维亚”。他们还按照美国一些大城市的名字给自己国家的村庄起了名字，有一个村庄叫纽约，还有一个村庄叫费城，两个村庄都只有几百个人居住。他们不是努力去忘记自己曾经当过奴隶的地方，而是试图去仿制那里的东西。

再往南走就是赤道。我们前面也说过，赤道就是地球上离北极和南极距离相同的地方。非洲第二大河流刚果河流经赤道。这块地方非常炎热，每个月都会下雨，植物生长迅速，野草长得和屋子一样高，藤条、树木以及其他植物都非常繁茂，形成了大片丛林，让人很难通行。这里很像地球上另一个赤道附近的地区——巴西的亚马孙雨林。

100 年前，人们对那片土地的了解非常少。那里非常危险的自然环境也不适合白人居住。以前那里很多黑人都是“食人族”，他们会杀死见到的白人，吃白人的肉。白人生活在当地的湿地和丛林，很容易发烧。那里还有一种小小的蝇类叫舌蝇，人被咬后就会患上嗜睡的疾病，一旦睡着就再也醒不过来。即使逃过了这些东西，那里还有很多凶猛的野生动物，随时可能让人丧命。

苏格兰有个小男孩叫大卫·利文斯通。他小时候和你我没什么两样，直到 10 岁时，他不能再继续读书了，就去了一家棉纺厂干活儿。他每天都从早上 6 点一直干到晚上 8 点，也就是一天要干 14 个小时。白天他就这样辛苦地工作着，晚上回家也不闲着。吃完晚饭后，他就拿出书认真地学习，直到趴在书本上睡着。利文斯通一直有个心愿，就是能为世界做点贡献，帮助那些身患疾病和生活悲惨的人。通过努力学习，他成了一名医生。后来，他被派到了非洲。

当时很多人都说他肯定会死，不是被致命的舌蝇咬死，就是喝那里的水发烧而死，也可能是被凶猛的野生动物吃掉。“如果真会死，”他说，“怎么死都没区别。我总有一天会死的，但我想在死之前做一些好事。”于是，他去了非洲。

就这样一直过了 30 年，这中间他回过几次苏格兰，可总要再回到非洲。这之后，人们就再也没有他的消息了。很多人都认为他已经死了，但有些人认为他仍然活着，于是他们就派了一名叫斯坦利的记者去找他。斯坦利来到非洲西海岸，那里很多黑人听不懂英语，他费了好大劲用手势问黑人有没有见过一个白人。大部分黑人都摇摇头，30 年的时间确实太长了，那时活着的人现在大部分都已经去世了。最后，有些黑人用简单的英语告诉斯坦利，他们听自己的爸爸说过有这么一个白人，那个白人往东边去了，说着还指了指那个方向。于是，斯坦利就一直往东走，过了很长时间，他来到了一个长长的湖边，那个湖的名字也很长，叫“坦噶尼喀湖”。他来到湖边时，有个年老的白人过来迎接他。斯坦利就说：“我想你应该是利文斯通医生吧？”这就像在火车站接人，如果对方特征明显的话，一眼就能看出来。那位老先生正是利文斯通，斯坦利想说服他和自己一起回去。

利文斯通说：“不，我的工作就在这里。我要帮助这里的黑人，帮助他们治疗疾病。等我死后，我希望自己能葬在英国。”斯坦利只好自己一个人回去了。

两年后，利文斯通去世了，身边只有几个黑人陪伴着。当地的黑人都非常爱戴他，知道他希望自己死后能安葬在英国，他们用当地传统的方法对利文斯通的遗体进行了防腐处理，几个人用担架抬着，走了 1300 公里，花了整整 2 个月时间，才终于走到了海边。在那里，他们用手势请求一艘路过的船把利文斯通的遗体带回英国。后来他的遗体被安葬在威斯敏斯特教堂，和许多著名的大人物安息在一起。

曾经有一个阿拉伯首领，他的名字听上去很有趣，叫提普·提布。

他把黑人当作野生动物，抓住之后，把他们用铁链锁起来，卖到其他国家当奴隶。利文斯通和黑人一起，经过几年的努力，终于结束了这种状况。这只是利文斯通所做的贡献之一。

利文斯通所做的另一个贡献就是制作出了非洲一部分地区的地图，这些地区以前从不曾为人知晓。他还发现了全世界最大的瀑布，那个瀑布的高度和宽度都是尼亚加拉瀑布的两倍，发出的水声在32公里外就能听到。当时他在很远的地方就听到了很响的水声，就问当地的黑人那是什么。那些黑人管瀑布叫“会发声的水雾”。后来他就把这个瀑布命名为“维多利亚瀑布”[①]，因为当时英国的女王正是维多利亚女王。维多利亚瀑布属赞比西河，在它以北一个较远的地方有一个湖叫维多利亚湖。维多利亚湖是尼罗河的源头。

① 现名为莫西奥图尼亚瀑布。

第 62 章
动物王国

你有没有去过动物园或马戏团呢？如果你住在一个动物园里，动物都没有笼子关着，你会觉得怎么样呢？非洲赤道两侧的地方就像这样的动物园。那里的许多动物都很凶猛，会伤人，可也有一些不伤人。

狮子是大型的猫科动物，也是“野猫”中最凶猛的。它是所有动物中最令人害怕的，就算被关在动物园的笼子里，吼叫声也会让人毛骨悚然。几乎所有动物都怕狮子，狮子却不害怕任何动物。很多野生动物都要时刻警惕，防止被天敌吃掉，狮子却可以随时呼呼大睡，一点都不需要担心天敌。

小时候，爸爸曾经告诉我，要想活捉鸟，就要在鸟尾巴上撒点盐。后来我才知道，这样做其实是不行的。要用这种方法抓狮子就更不行了。猎人要想活捉狮子卖到动物园或马戏团，就必须使用陷阱。他们在地上挖一个大坑，上面盖上树枝和嫩叶，做成一个陷阱。狮子掉进陷阱后，用一张结实的网就可以抓住它。如果猎人想猎杀狮子，就必须躲在水塘边，等着狮子来喝水，也可以把猎杀到的一些其他动物

放在狮子来喝水的路上作为诱饵，就像你钓鱼的时候会用虫子做诱饵一样。常被用作诱饵的一种动物叫斑马，斑马非常温顺，不会对人有任何伤害，它们长得就像身上带有条纹的小马。斑马的条纹看起来就像高高的草投下的阴影，所以它们不容易被天敌发现。一旦在路上扔了诱饵，其他食肉动物也会跑过来，这时就必须把这些动物吓跑，或者杀掉。其中有可能会引来鬣狗，鬣狗的叫声很奇怪，听起来像笑声，可只有在生气时它们才会这样叫。鬣狗胆子很小，根本就不敢捕捉活的动物，一般都是寻找已经死去的动物当食物。它们可能是整个丛林里最胆小的动物了。

丛林里的动物要么咬死其他动物，要么被其他动物咬死，要么快速地逃走。那里可没有警察叔叔管理秩序。

丛林里最勇敢的动物是什么呢？不是狮子，而是猴子，因为狮子再也用不着去怕谁。

只要狮子发出吼声，丛林里的其他动物都会撒腿跑掉，猴子往往是最后才跑。躲着等待狮子的猎人只要看看不同动物的反应，就知道狮子是不是已经靠近了；看到鬣狗逃过去，就知道狮子肯定还在后面很远的地方——胆小的鬣狗一听到狮吼总是第一个逃跑的。接着，猎人会看到其他动物一个接着一个地逃跑，最后才看到猴子。一看到猴子经过，猎人就知道狮子肯定离它很近了。猎人不会猎杀猴子，准确地说，是不忍心猎杀猴子。猴子看上去很像小孩，受伤时会像小孩一样哭，被子弹射中后，还会用爪子试图把子弹抠出来。看到这样的情景，任何猎人都不忍心再去猎杀猴子。

有些动物不吃肉，只吃植物，长颈鹿就是其中的一种。长颈鹿有长长的脖子和长长的腿，只吃长脖子能够探到的树叶和嫩枝。喝水或想吃地面上的草时，长颈鹿必须把它的四条腿叉得开开的，像是一个大写的字母“A”，只有这样它才能够喝到水。

几乎所有动物都会发出声音，那可能是各种动物自己的语言，有的发出汪汪声，有的发出哞哞声，有的发出咯咯声，有的发出咩咩声，有的发出喵喵声，有的发出嘎嘎声，有的发出呱呱声，有的发出嗞嗞声，有的发出哼哼声，有的发出咆哮声，有的发出咕噜声，有的发出尖叫声，有的发出吼叫声，有的发出啁啾声，有的发出啼叫声，有的发出哀叫声，有的叫声像大笑，有的叫声像唱歌……各种各样的叫声，应有尽有。而长颈鹿是整个丛林中唯一不会发出声音的动物。

丛林的河里生活着一种动物——河马，虽然叫“河马”，但外形看上去更像是个大肥猪。河马像猪一样，喜欢在湿泥中打滚。休息时，如果只有背露在水面上，它看上去就很像一块巨大的岩石，或是一艘只将一部分露出海面的潜艇。

丛林里还有一种又大又笨拙的动物叫犀牛。如果要举行一场“选丑比赛”，犀牛肯定能拿冠军。犀牛的腿短短的，鼻子上有一个或两个角，皮很厚，猎人的枪都打不进去。猎人打猎时，只能想办法打它的肚子，可犀牛的腿那么短，肚子几乎贴在了地面上，所以想打肚子也很难。如果有人脸皮很厚，我们跟他说了半天都没什么反应，我们就会说他“脸皮厚得像犀牛皮一样”。我有一根很奇特的棍子，可以弯曲。我常常让人猜它是用什么做的，很多人都会说是用“动物

的角”或“硬橡胶”做的，其实它是用犀牛皮做的。犀牛的视力很差，它的小眼睛似乎什么都看不到，如果是人，他就要戴一副眼镜。犀牛当然不能戴眼镜了，但有个好朋友会充当它的“眼睛”，那就是犀鸟。犀鸟常常停在犀牛背上，为犀牛指引方向，还会提醒犀牛可能遇到的危险。

你可能听过一个故事，有个小男孩是孤儿，住在吝啬的阿姨家，阿姨不给他东西吃，他只能自己跑到外面吃虫子填饱肚子。非洲人确实喜欢吃虫子，他们会吃蚂蚁和蝗虫，有时吃生的，有时烤着吃。但有一样东西是黑人和白人都喜欢吃的，那就是西瓜，而西瓜最早是在非洲种植的。

非洲人最喜欢的音乐形式是打手鼓。顾名思义，手鼓是用手掌和拳头击打的一种鼓。非洲人一打手鼓就可以打上几个小时，手鼓发出的“嘭嘭”声在他们听来就是动听的音乐。手鼓的声音在几公里外都能听到，通过打手鼓，黑人可以向自己的邻居传递信息，类似无线电报。就这个主题，有个小女孩写了一篇作文，“在几公里外，你就能听到他们敲击自己肚子的声音①”。

① 小女孩把“tomtom”（手鼓）误认为儿语“tumtum”（肚子）。

第 63 章
彩虹的尽头

从前常常有人说彩虹的尽头有一大盆金子，当然至今也没有人看到过。以前曾多次发生过这样的事：很多人丢下手头的工作，丢下自己的亲人，离开自己的家乡去寻找金子，希望能一夜之间成为富翁。金子在全世界都可以作为货币使用，尽管钱币并不是用金子做的，因为它们太小，容易丢失。

世界上最大的金矿在南非，全世界超过一半的金子产于南非一个叫约翰内斯堡的城市附近。

金子被称作“金属之王”，虽然白金更加贵重，但金子可以作为货币，可以制作装饰品，还有很多其他用途，而且很多人觉得黄金比白金更漂亮。纯金是 24K 的，质地软，容易磨损，所以制作饰品时都会掺入其他金属。最好的戒指和其他金饰是 18K 的，有 3/4 是黄金，1/4 是另一种金属。你可以看看戒指或手表，有的上面会印着“18K”或“14K”。

有的金子被发掘时就是一小块一小块的，这叫天然金块。大部分

金子和岩石混在一起，一点都看不出来。只有把岩石磨成粉末，才能把金子从粉末中分离出来。

美国几乎每个家庭都有一样东西是来自南非的，这样东西很小，但很贵。你能猜到是什么吗？它就是妈妈结婚戒指上的钻石。全世界几乎所有的钻石都产自南非一个叫金伯利的地方。钻石是在当地的一种蓝色黏土中被发现的，这种黏土原来是在火山里的。

钻石矿最初是由生活在南非的荷兰人发现的，以前金伯利的大部分钻石都会被运送到荷兰的阿姆斯特丹打磨。现在许多钻石都在当地打磨，打磨好后再被运往其他国家。

钻石具有和煤炭同样的成分，把它扔到火里会烧成炭。有时人们把煤炭叫作“黑色钻石”。把钻石对着光，可以看到有的钻石会发出纯白色的光，有的会发出白中带蓝或白中带黄的光。而会发出纯白色光的钻石是最珍贵的。

迄今为止发现的最大的钻石像我的拳头一样大，它被称作“库利南钻石”。这颗钻石实在太大了，不适合做成一件单独的珠宝，于是就被分成了两半单独打磨。后来人们还发现了一颗第二大的钻石，叫“大莫卧儿”。这颗钻石被偷走了，小偷不敢原封不动地卖这颗钻石——因为全世界就那么一颗钻石，一拿出来就会被人发现，就像我们前面说过的蒙娜丽莎的画像一样。被偷之后，“大莫卧儿”就再也没有出现过，人们猜想，小偷肯定把这颗钻石分成几颗小钻石卖掉了。

钻石矿中的工人基本上都是黑人，钻石矿的主人非常小心谨慎，以提防黑人拿走任何钻石。钻石矿围着高高的栅栏，还有人在周围巡逻。工人晚上不准回家，一进去就必须在里面住三四个月。要回家时，就会有人像监狱里的看守一样，把工人的衣服脱了，仔细检查他们的头发、耳朵和嘴巴，看里面有没有藏钻石。金伯利发现了很多钻石，但钻石矿的主人认为，如果把这些钻石全部拿出来卖，钻石就会因为太多而变得平常，不值钱了。他们会先把价值几百万美元的钻石收藏着，等有人愿意出好价钱时才拿出来卖。

一个叫塞西尔·罗德斯的英国人曾经到南非去疗养身体，正好碰上南非发现了钻石，他就发了大财，不但养好了身体，还成了富翁。非洲有个地方是以他的名字命名的，叫罗得西亚。罗德斯死后留下了一大笔遗产，其中一部分被用于资助英国和其他国家的杰出青年在英国读牛津大学。这些人被称作“罗德学者”。

塞西尔·罗德斯生前还想修建一条铁路，从非洲的最北端到非洲的最南端，即从埃及的开罗一直到最南边的开普敦。现在这条铁路的大部分路段已经完工，叫“开罗—开普敦铁路”。罗德斯去世前，并没有像别的英国人那样，要求自己死后葬在英国，而是让他的朋友把自己安葬在了非洲一座高山顶上。那座山很高，他说在那里自己可以看到整个世界。

南非的首都是比勒陀利亚，看上去很像英国的城市。它最主要的城市叫开普敦，看上去也很像英国的城市。大约 100 年前，这些城市还是野生的丛林。

如果你喜欢集邮，可能听说过一枚非常著名的邮票，叫“毛里求斯”。有个集邮爱好者花了 2 万美元买了这枚邮票。那么多钱都可以买一栋房子了，他却只买了一张放在集邮夹中的邮票。为什么他要花那么多钱买一张邮票呢？其实只是为了告诉别人他拥有别人所没有的东西。毛里求斯是离非洲东部沿海不远的一个小岛。非洲大陆附近还有许多其他的岛屿，最大的叫马达加斯加岛，毛里求斯是较小的岛屿之一。桑给巴尔岛也是其中的一个小岛。桑给巴尔岛出产一种叫丁香的香料，你妈妈会用这种香料调制云莓、腌菜和火腿。丁香看上去像燃烧过的小火柴头，你肯定猜不出它们是怎么来的，其实它们是长在丁香树上的小丁香花。

第 64 章
财富岛

你有没有想过家呢？如果没有，你肯定没有出过远门吧？即使出过远门，肯定没有待很长时间吧？试想一下，如果你住在地球的另一端，远离你的爸爸妈妈、兄弟姐妹和好朋友，5 年或 10 年才回家一次，或者永远都回不了家，你会有什么感觉呢？你肯定会想家的。英国人非常热爱自己的家园，也许比其他国家的人都更容易想家，可有的英国人曾经去了非常遥远的地方安家。

地球上有一个很大的岛屿，常常被称作大陆，离英国很远。以前坐船从英国出发，要花五六个月的时间才能到这个岛，现在坐船也要 1 个多月的时间。后来英国人到了岛上，在那里建了大城市，直到现在他们还统治着整个岛屿。那个岛屿就叫澳大利亚，意思是“南部的土地”，因为澳大利亚位于赤道以南的最南端。那里冬天的时候，我们这里是夏天；那里夏天的时候，我们这里是冬天。澳大利亚离英国非常遥远，当时英国人认为那里是关押囚犯的好地方。一旦囚犯被关到了这个岛上，就没办法再逃跑，也就不会伤害其他人了。当时许多

囚犯都被押送到了澳大利亚，他们很少有人再回到英国。有人甚至因为想家而死去，毕竟罪犯也是人，也有感情，也会思念自己的家乡。

然而，没过多久，英国人便发现其实那个岛远远不止那么点用途。澳大利亚中部地区是一片沙漠，沙漠里有金矿。金子似乎具有某种魔力，不管是不是沙漠，不管有多危险，许多年轻的英国人都赶到了澳大利亚挖掘金子，希望发一笔财后再回家。后来他们才发现挖金子的成本太高了，一点都不划算。但他们没有放弃自己的发财梦，一种方法不行，就尝试另一种方法。澳大利亚南部地区是一片广阔的草原，可以放养牛羊。当时澳大利亚没有牛羊，英国人就从英国带来了一些牛羊，却发现带来的牛羊不吃当地的草。仔细一研究才知道，草的品种不对。这时英国人还是没有放弃，“一开始没成功的话，就再试一次，还没成功的话，就再试一次，总有一天会成功的”，当时的英国人就是抱着这样一种信念，又回到英国，带去了合适的草籽，并在当地种植。最后，坚持不懈的英国人终于成功了。种下的草长得很好，牛羊养殖变成了另一种“金矿”，很多人都发了大财，这是他们事先完全没有想到的。生长在澳大利亚的绵羊毛又长又滑，是全世界最好的羊毛。他们就把羊毛剪下来，卖到英国和其他国家。这让澳大利亚成为了全世界羊毛产量最多的国家，牛群在那里也生长得很好，现在澳大利亚还向英国和其他国家大量出口冷冻的牛肉和羊肉。

一切都进展得很顺利，可是过了没多久，一件奇怪的事情发生了。一个英国人带了一对宠物兔子到了澳大利亚。后来这对宠物兔子逃走了，并开始大量繁殖小兔子。兔子也和牛羊一样喜欢吃草，但繁殖速度比牛羊快很多。一段时间下来，澳大利亚的兔子数量远远超过了绵羊的数量。几百万只兔子吃掉了很多草，有些地方的绵羊就没草吃了，而兔子还在不断地繁殖，人们只能开始捕杀兔子，但杀了100万只，还会有几百万只兔子出生。这很像圣经时代突袭埃及的一场瘟疫。人们就在国内很多地方围起铁丝网，有的兔子仍然能钻过铁丝网，人们就再围起一道。澳大利亚人现在还在大量捕杀兔子，把兔肉做成罐头，卖回英国。兔皮也可以卖，可以用来制作婴儿睡袋。无论如何，当地人都消灭不了兔子，而且他们可能永远都摆脱不了这些小东西了。

澳大利亚的本土动物都非常奇怪，一种动物叫袋鼠，高度和人差不多。袋鼠用两条后腿站立，像站起来要东西吃的狗。袋鼠把自己的尾巴当作“第三条腿”，坐在两条腿和尾巴上，就像坐在一张三角凳上。袋鼠的前腿很短，一般没什么用，跑的时候不用四条腿，而是用两条后腿跳，一下就可以跳很远。袋鼠妈妈的肚子前面长着一个袋子，小袋鼠就躲在这个袋子里，既能当窝，又能当摇篮。

从澳大利亚回来的船员都说在澳大利亚的海里看到过漂亮的女孩，腰部以上是漂亮女孩的模样，腰部以下则是一条鱼。他们把这种生物叫“美人鱼”。你们可能看过童话故事《美人鱼》吧？其实澳大利亚的西部沿海真的有美人鱼。美人鱼生活在海里，用手臂抱着自己的孩子。从远处看，船员觉得美人鱼很漂亮，其实近看的话，美人鱼很难看，一点都不像你在童话故事中看到的那种下身长鱼尾巴的美丽女孩。美人鱼是一种叫海牛的动物。听了是不是有点失望呢？

澳大利亚的土著居民被称作丛林居民。他们很少穿衣服，只把颜料画在自己的身上。他们用贝壳的边沿不断刮身上的皮肤，使皮肤上隆起一个个肿块，然后就在肿块上抹上黏土。他们认为肿块越多，越好看。

丛林居民有一种很奇怪的玩具叫“回飞镖”。回飞镖是用木头做的，形状像一轮新月。他们把回飞镖扔出去，回飞镖会不停地在空中打转，扔得技术好，它会飞回扔的人手中。我有几个回飞镖，有个朋友曾经和我开玩笑说：“听说你会扔袋鼠？”“扔袋鼠？”我说，“丛林居民也做不到啊！”澳大利亚以前的首都是墨尔本，后来人们又新建了一座叫堪培拉的城市作为首都。堪培拉市的一切都井井有条，城市规划得很好，街道整洁有序，像华盛顿一样有国会大厦，房屋也非常整齐，城市建成后，人们就搬到了城里居住。除此之外，澳大利亚还有一个主要的城市叫悉尼。

世界上最适宜人居住的国家位于澳大利亚东南面，叫新西兰。你可能还记得，我们前面说过，丹麦有个岛屿叫西兰岛，而丹麦又是欧洲最适宜居住的国家。新西兰和西兰岛的名字很像。新西兰由两个大岛组成，岛的形状很像意大利，看上去像只倒置的靴子。从地图上看，新西兰离澳大利亚不远，其实从澳大利亚乘船出发，需要四五天才能到达新西兰。新西兰北部地区居住着土著居民——毛利人。毛利人和澳大利亚的丛林居民截然不同。虽然毛利人以前是食人族，但他们非常聪明，从白人那里学会了很多东西。有些毛利人还接受了很好的教育，成为新西兰议会的成员。

第 65 章 旅行结束

经过漫长的环球旅行，我们终于又回到家了。“尽管我们会在别国的宫殿和怡人的景物中徜徉、流连，尽管我们的家园和它们的比有些寒碜，可我还是觉得我们的家最美好。”几乎所有人对家的感觉都是一样的，无论是因纽特人，还是藏族人。家是我们出生和成长的地方，无论它是在冰天雪地，还是在椰子树下。

我认识一位老船长，航海有 50 年了。他已经环游世界好多次了，从“蓬塔阿雷纳斯”到“阿尔汉格尔斯克”，足迹几乎遍及了全世界的每个港口。他会说十二种语言，到过每一片大陆、每一个大洋，见识过各种各样的东西。整整 12 年，他一直盼望将来有一天能真正“安定下来”，能够回家。我从来没见过一个人回到家时像他那么开心，他的家就在马里兰州南部的一个小村庄里。

1 年后，我在纽约碰到了他。我也从来没见过有谁像他那么开心。他穿得很正式，纽扣的孔眼里还别着一朵花，好像要结婚的新郎似的。“你这是去哪里呀？”我好奇地问。“去航海啊，12 点就要出发了，我又要去环游世界了！”他兴奋得就差在街上跳起水手的角笛舞了。

“再见，”我对他说，“我原以为你这次回来就不再走了。”

“家，是一个让人盼望着归来又能再出发的地方。”他一边说着，一边开心地与我挥手道别。